Kohlhammer

Marga Rothe

Sozialpädagogische Familien- und Erziehungshilfe

Das Arbeitsbuch

Verlag W. Kohlhammer

Dieses Werk einschließlich aller seiner Teile ist urheberrechtlich geschützt. Jede Verwendung außerhalb der engen Grenzen des Urheberrechts ist ohne Zustimmung des Verlags unzulässig und strafbar. Das gilt insbesondere für Vervielfältigungen, Übersetzungen, Mikroverfilmungen und für die Einspeicherung und Verarbeitung in elektronischen Systemen.

1. Auflage 2015

Alle Rechte vorbehalten
© W. Kohlhammer GmbH Stuttgart
Gesamtherstellung: W. Kohlhammer GmbH, Stuttgart

Print:
ISBN 978-3-17-023428-4

E-Book-Format:
pdf: ISBN 978-3-17-024877-9

Für den Inhalt abgedruckter oder verlinkter Websites ist ausschließlich der jeweilige Betreiber verantwortlich. Die W. Kohlhammer GmbH hat keinen Einfluss auf die verknüpften Seiten und übernimmt hierfür keinerlei Haftung.

Vorwort

Unsere Welt ist komplizierter geworden. Immer mehr Eltern schaffen es nicht alleine, ihre Kinder auf dem Weg in ein selbständiges Leben zu begleiten. Sie brauchen Hilfe!

Das Heidelberger Modell der Sozialpädagogischen Familien- und Erziehungshilfe hat solche Hilfen entwickelt.

Der Erfolg ist offensichtlich!

Dieses Buch gibt die Möglichkeit, alle Interessierten an den Erfahrungen teilnehmen zu lassen, in einem regen Gedankenaustausch diese Erfahrungen zu bündeln und ihre Effizienz zu überprüfen.

Die Qualität der Familienbeziehung entscheidet auch über Integration oder Isolation. Soziale Ausgrenzung ist ein häufiger Grund für kriminelles Verhalten. Daher ist jeder von der Qualität der familienorientierten Hilfe abhängig – denn

Wir sitzen alle in einem Boot!

Prof. Dr. Marga Rothe

Inhalt

30 Jahre familienorientierte Hilfen in Heidelberg
– eine Entdeckungsreise zu den Ressourcen der Familie. 9

Sozialpädagogische Familienhilfe 15

Informationsblatt für Familien zur Sozialpädagogischen Familienhilfe 18
Procedere Sozialpädagogische Familienhilfe (§ 31 SGB VIII). 19
Aufbau und Ablauf der Sozialpädagogischen Familienhilfe. 20
Erläuterungen zur (Selbst-)Hilfeplanung 22
Hilfeplan. 23
Erstellen von Selbsthilfeplänen und Handlungsschritten 26
Selbsthilfeplan. 27
Beispiel eines mit der Familie erstellten Selbsthilfeplanes. 29
Auswertungsfragen als Berichtsgrundlage 37
Abschlussbericht. 39
Effizienzsteigerung durch Regionalisierung und Ressourcenorientierung. 41
Elterntraining 42

Familienorientierte Schülerhilfe 43

Möglichkeiten Familienorientierter Schülerhilfe 44
Aufgaben und Planungsschritte. 52
Procedere Familienorientierte Schülerhilfe (§ 29 SGB VIII) 53
Aufbau und Ablauf der Familienorientierten Schülerhilfe 54
Übernahmebericht. 55
Abschlussbericht. 59

Integration statt Isolation. 61

Integration nach dem umfeldorientierten Modell im Rahmen
der Sozialpädagogischen Familien- und Erziehungshilfe 62
Integration statt Isolation 66
Integrative Sozialpädagogische Familien- und Erziehungshilfe
– von der Isolation zur Integration 68
Kreative Integrationsplanung mit Familien, Kindern und Jugendlichen. 69
Der Baum deiner Treffer 71
Fragebogen zur Erstellung eines regionalen Ressourcen-Planes 72
Voraussetzungen für Integration und das Erstellen regionaler Ressourcenpläne. 73
Integrationsfragebogen 75
Antrag auf Integrationshilfe beim Träger. 76
Reflexion der Veränderungen nach einem halben Jahr. 77
Sehnsucht – ein Märchen. 79
Von der Gleichwertigkeit der Kerne – ein Märchen. 82

Praxisbegleitende Fortbildung 84

30 Jahre familienorientierte Hilfen in Heidelberg – eine Entdeckungsreise zu den Ressourcen der Familie

30 Jahre ist es her, da schlossen sich in Heidelberg die Jugendämter der Stadt Heidelberg, des Rhein-Neckar-Kreises und die Fachhochschule für Sozialwesen der Stiftung Rehabilitation zusammen, um Hilfen für Familien zu entwickeln und zu erproben. Anlass war die im Rahmen der Jugendhilferechtsreform anstehende Diskussion um die stärkere Beachtung der familienorientierten Hilfen.

So entstand im Laufe von 30 Jahren das *Heidelberger Modell der Sozialpädagogischen Familien- und Erziehungshilfe*, das seiner hohen Effizienz wegen immer mehr Anhänger findet.

Das SGB VIII gibt den familienunterstützenden und familienergänzenden Hilfen eindeutigen Vorrang vor den familienersetzenden Hilfen. Das beruht auf einem Einstellungswandel, der überfällig war – denn die Familie ist die »Keimzelle« der Gesellschaft. Sie bietet das Fundament für den Erhalt der Gesellschaft. Hier werden die Werte vermittelt für das Zusammenleben, für Miteinander oder Gegeneinander, für konstruktives oder destruktives Verhalten, für Motivation oder Interessenlosigkeit.

Wer vermittelt der jungen Generation die Werte, die für das *Wie* und für das *Ob* des Weiterbestehens einer humanen Gesellschaft entscheidend sind? Kann diese Aufgabe den Eltern alleine überlassen werden oder brauchen sie Hilfe und Unterstützung bei dieser bedeutenden und spannenden Aufgabe?

In vielen Familien sind genügend Ressourcen und Fähigkeiten vorhanden, um den Alltag auch für die Kinder »familiengerecht« zu gestalten. Aber nicht immer schaffen es die Eltern alleine.

Welche Hilfen brauchen sie?

Sie brauchen die Hilfe der gesamten Gesellschaft, sie brauchen Mit-Menschen, die durch Vorbild und Liebe den Erziehungsprozess begleiten, das Hineinwachsen der jungen Generation in diese Welt – sie brauchen uns alle! Besonders aber sind die Kräfte gefragt, die in pädagogischen Bereichen jedweder Provenienz tätig sind.

Was also können wir dazu beitragen, dass die Eltern ihre verantwortungsvolle Aufgabe auch erfüllen können? Eltern brauchen mit unterschiedlicher Intensität und in unterschiedlichen Formen Begleitung und Unterstützung bei ihrer verantwortungsvollen Aufgabe.

Das SGB VIII bietet »Hilfen zur Erziehung« an. Die gesetzlichen Grundlagen stehen fest, aber ihre Ausfüllung bedarf der Interpretation und vor allen Dingen der Mit-Menschlichkeit und des Verantwortungsbewusstseins der »Beauftragten«.

Gegenüber den familienersetzenden Hilfen sparen die familienunterstützenden Hilfen in der Tat Kosten und das ist auch nicht unwichtig bei der heutigen Finanzlage. Aber sie sparen nicht nur Kosten, sondern sie fördern auch das Verantwortungsbewusstsein und das Engagement der Eltern. Sie bieten bei richtiger Handhabung die Chance, »den Eltern zu helfen gute Eltern zu sein«.

Die Erfahrung mit diesen Hilfen zeigt erfreulicherweise, dass – fast – alle Eltern gute Eltern sein wollen. Viele Eltern schaffen es aber nicht alleine, weil sie in ihrer Kindheit und Jugend nie erfahren haben, wie man das macht. Hier gilt es, die Lernbereitschaft der Eltern zu wecken und ihre vorhandene Liebe zu den Kindern in Handeln umzusetzen.

Um unsere Zukunft und vor allen Dingen die Zukunft unserer Kinder und Jugendlichen zu sichern, müssen wir über den Tellerrand des Eigeninteresses hinausschauen und zur Kenntnis nehmen, dass die Zeit reif ist! Wir müssen gemeinsam handeln mit Politikern, Schulen, Jugendhilfe und im Gemeinwesen engagierten – ehrenamtlichen – Kräften, mit Vereinen und anderen Gruppierungen. Ziel ist die Integration von Eltern, Kindern und Jugendlichen in das Gemeinwesen. Voraussetzung dafür ist das Entdecken und Fördern ihrer Fähigkeiten und Möglichkeiten.

Wir müssen unsere fachliche Kompetenz, unser Knowhow, austauschen, bündeln und umsetzen. Wir müssen aber auch unternehmerisch, d. h. kostenbewusst, handeln, und wir müssen auch – und nicht zuletzt – politisch denken.

Dann wird mit unserer vor Ort gesammelten Erfahrung die Familienpolitik in die richtige Richtung gehen.

Alle in den familienorientierten Hilfen Engagierten sind in herausragender Weise Gestalter und Erhalter der Zukunft. Deshalb sollten wir nicht zu bescheiden sein, unsere Aufgabe darzustellen und zu vertreten. Aber wir sollten es *gemeinsam* tun! Nur im Miteinander sind wir stark. Kooperation statt Konkurrenz, das muss die Devise sein!

Die theoretischen Grundlagen und die in vielen Jahren entwickelten Grundsätze und Methoden des Heidelberger Modells haben sich in der Praxis bewährt. Sie finden in der *Sozialpädagogischen Familienhilfe* und in der *Familienorientierten Schülerhilfe* ihre Praktische Umsetzung.

Aufgabe der Sozialpädagogischen Familien- und Erziehungshilfe ist es nicht nur, verschüttete Ressourcen und Fähigkeiten zu entdecken, sondern auch – und besonders – die Zielorientierung der Ressourcen und Fähigkeiten zu verändern: weg von Ausgrenzung und Isolation, hin zur Integration.

Dies muss mit sehr viel Einfühlungsvermögen und Geduld geschehen, denn diese Veränderungen sind nur dauerhaft, wenn sie nicht nur auf Druck von außen beruhen, sondern auf der – gemeinsam erarbeiteten – Erkenntnis über die Attraktivität der »neuen« Ziele. Das gilt sowohl für Ziele, die sich der Einzelne setzt, als auch für Ziele, die sich die Familie gemeinsam z. B. im Selbsthilfeplan setzt.

Die Netzwerkintervention und die Soziotop-Analyse (Rothe 2013, 7. Auflage, Seite 68 ff.) sind hervorragende Mittel zum Entdecken von Ressourcen und Fähigkeiten und für das Einbeziehen von »Verbündeten«, die in der Lage sind, verschüttete oder fehlgeleitete Ressourcen und Fähigkeiten der Familie zu ergänzen und zu aktivieren. Die Verbündeten werden in die Planung einbezogen und erhalten einen Platz im Selbsthilfeplan. Die Ziele der Familie können nicht im Schnellverfahren umprogrammiert werden. Hierzu bedarf es der auf einer Einstellungsänderung basierenden Einsicht. Die Ziele sollten sich immer an dem orientieren, was für die Familie einen hohen Wert darstellt, also an dem, was auch bisher Motivation zum Handeln war.

Eine von außen aufgegebene Zielsetzung, die zudem noch im Gegensatz steht zu den Werten und Zielen der Ursprungsfamilie, der Jetzt-Familie und/oder des sozialen Umfel-

---

Sozialpädagogische Familienhilfe ist nicht das Produkt von »Machen«, sondern von »Zulassen« dessen, was vorhanden ist, denn jeder Mensch ist etwas Einzigartiges und Besonderes. Die Frage ist, welche Hilfestellung können wir leisten, damit das Einzigartige zur Entfaltung kommen kann.

des, legt nicht genügend Selbsthilfekräfte frei, um sie später auch ohne Begleitung weiterzuverfolgen.

Viele Ressourcen, Fähigkeiten und Aktivitäten von Familienmitgliedern gehen ohne böse Absicht, aber durch Unerfahrenheit oder in Unkenntnis des »richtigen Weges« in falsche Kanäle. Diese falschen Kanäle sind regelrechte »Ressourcenschlucker«. Das »Recycling« ist – wenn überhaupt – nur mit viel Einfühlungsvermögen und nur langfristig möglich. Eine fachlich noch so »abgesicherte« Hilfe unter Zeitdruck kann enorme Folgekosten verursachen, weil sie eine Lösung des Problems nur vorgaukelt. Je länger der »Ressourcenschlucker« schon in Aktion ist, je länger die in die Isolation führenden Verhaltensweisen schon praktiziert werden, umso länger dauern die Verhaltensänderungen.

»Powern« bringt nur kurzfristige, situative Veränderungen, aber keine Einstellungsänderungen. Diese sind aber unabdingbar, wenn langfristige »Erfolge« erzielt werden sollen. Alles andere ist nur ein »Aufschub«, der vorgibt, es sei eine Lösung gefunden. Weder das Problem noch die Kosten sind dadurch auf Dauer »bereinigt«. Ein orientalisches Sprichwort sagt: »*Alte Gewohnheiten sollte man nicht zum Fenster hinauswerfen, sondern wie gute Bekannte langsam zur Türe hinausgeleiten*«.

Der Sozialpädagogische Familien- und Erziehungshelfer ist Wegbegleiter bei der Alltagsbewältigung und Integration

Der Bedeutung der Alltagsbewältigung als Voraussetzung für eine dauerhafte Integration wurde bisher zu wenig Beachtung geschenkt. Keine noch so fundierte Beratung kann auf die Alltagsbewältigung als Voraussetzung für die Umfeld-Akzeptanz und Integration verzichten. Die »logische Kette« ist relativ simpel und an einem Beispiel zu verdeutlichen:

Die Kinder dürfen bei der Integration nicht durch mangelnde Körperhygiene oder ungepflegte Kleidung erheblich von den anderen abweichen. Eine gelingende Integration geht immer mit Akzeptanz der Person einher. Weil Kinder allein durch die äußeren Umstände schon sehr früh Ablehnung erfahren, haben sie später häufig den ganzen Tag ihren Radar eingeschaltet »Wer will mir was …«. Dieser Radar verhindert jede natürliche Kommunikation, fördert die Aggression und führt so ohne jedes weitere Zutun zu Isolation und Ausgrenzung. Damit schließt sich, wegen mangelnder Fähigkeit der Eltern, den Alltag zu bewältigen, ein schwer zu durchbrechender Teufelskreis. Die nicht beherrschte Alltagsbewältigung der Eltern, die dadurch erzeugte Ablehnung und mangelnde Bestätigung führen zum grundsätzlichen Kampf gegen die als feindlich erlebte Umwelt. Der Ursprung dieser Ablehnung wird häufig später nicht mehr erkannt. Oft werden die Folgen bearbeitet mit teuren sozialarbeiterischen oder psychologischen und/oder strafrechtlichen Mitteln, ohne dass die einfache Verursachung beachtet wird. So wiederholt sich trotz aller teuren Maßnahmen für die Kinder dieser Kinder der gleiche Teufelskreis.

Wenn an der Alltagsbewältigung so viel liegt, weshalb müssen dann sozialpädagogisch versierte Fachleute tätig werden? Wäre es dann nicht sinnvoller, z. B. eine versierte Haushaltshilfe mit Herz einzusetzen?

Für eine gewisse Zeit kann das erfolgreich sein. Da aber eine Verhaltensänderung notwendig ist, der eine Einstellungsänderung folgen muss, wird der »Erfolg« nur von kurzer Dauer sein. Sinnvoll wäre vielleicht in einigen Familien eine Kombination beider Hilfen: eine liebevolle Anleitung zur Alltagsbewältigung und eine (fachlich fundierte) Anleitung zur Einsicht in die Sinnhaftigkeit des Tuns und in die Folgen des Unterlassens.

Hierbei ist nicht immer nur der einfache lineare Zusammenhang zwischen Tun und Unterlassen – gemeinsam mit der Familie – zu erarbeiten: Schmutzige Kleidung und ungepflegtes Äußeres gleich Ablehnung in Schule und sozialem Umfeld, sondern der gesamte Zirkel aus Fakten, Verhalten und Folgen.

Erfolgreiche Hilfe für Familien, für Kinder und Jugendliche kann immer nur geschehen im Zusammenwirken mehrerer Kräfte, im Ausschöpfen aller vorhandenen Ressourcen der Familie, des sozialen Umfeldes etc. und einer mit Familien, Kindern und Jugendlichen gestalteten Zukunftsplanung/Zukunftsvision.

Professionelle Hilfen sollten von Anfang an bedenken, dass ihr Auftrag zeitlich begrenzt ist. Es kommt darauf an, mit viel Einfallsreichtum und Kreativität Familien zu aktivieren, eigene Initiativen zu entfalten. Es gilt, vorhandene Ressourcen zu entdecken, die Kommunikationsfähigkeit soweit zu fördern, dass Akzeptanz entsteht und Integrationsmöglichkeiten im formellen und informellen Bereich wahrgenommen werden können.

Die gemeinsame Entdeckungsreise zu den Ressourcen der Familien, Kinder und Jugendlichen muss immer von dem Grundsatz geleitet sein nicht *Für*, sondern *Mit, Weg vom Machen – hin zum Zulassen* dessen, was an Potential in jedem Menschen vorhanden ist und gestaltet werden will, wenn es nur zugelassen wird.

Der Familienhelfer ist also für eine begrenzte Zeit Animateur, Koordinator und Organisator, der die »Zukunftsvision« der Familie, des Kindes, des Jugendlichen anregt und zulässt. Er vermittelt Vertrauen in die Fähigkeiten des Einzelnen, hilft bei der Entdeckung der Ressourcen und koordiniert für eine begrenzte Zeit die Möglichkeiten des Einzelnen und der Familie in Bezug auf die gemeinsame Zukunftsgestaltung.

Entzieht sich ein Familienmitglied konsequent der Mitarbeit oder stört sie längerfristig, dann muss nach anderen Möglichkeiten der Hilfe für die Familie oder für das einzelne Familienmitglied gesucht werden.

Die Ausgliederung aus der Familie sollte aber immer den treffen, der das ausgrenzende Familienschicksal verursacht und beeinflusst, d. h. hier sollte der Täter (z. B. bei Gewalt oder sexuellem Missbrauch) entfernt werden und nicht die Opfer: häufig Frauen und Kinder! Leider geschieht dies nicht mit der notwendigen Konsequenz. So werden nicht selten Opfer wie Täter behandelt.

Sozialpädagogische Familienhilfe im Sinne des SBG VIII ist eine fachlich fundierte, auf den Einzelfall abgestimmte mit der Familie geplante Hilfe.

Der Sozialpädagogische Familien- und Erziehungshelfer ist immer auch Koordinator und Organisator der formellen Kontakte der Familie und fördert gleichzeitig den Ausbau der informellen Kontakte der Familie (Verwandte, Freunde, Vereine etc.).

In Bezug auf die formellen Kontakte ist er Interpret der zum Teil unterschiedlichen und sich widersprechenden »Botschaften« und »Aufträge«.

Sozialpädagogische Familienhilfe muss den gesetzlichen Auftrag des SGB VIII erfüllen. Das bedeutet, sie muss bestimmten Anforderungen an Fachlichkeit und Qualität genügen, genauso wie das bei »anderen Hilfen zur Erziehung« vorausgesetzt wird.

Die AGFJ Familienhilfe-Stiftung arbeitet seit nunmehr 30 Jahren im Bereich der familienorientierten Hilfen. Hier wird das seit 30 Jahren entwickelte und immer wieder den praktischen Erfahrungen angepasste »Heidelberger Modell der Sozialpädagogischen Familien- und Erziehungshilfe« umgesetzt (Rothe 2013, 7. Auflage).

Die Stiftung bietet insbesondere »Sozialpädagogische Familienhilfe« und »Familien-

»Vorbild ist nicht etwa nur eine Möglichkeit, Menschen zu beeinflussen, es ist die Einzige.«
Goethe

orientierte Schülerhilfe« an. Die Familienorientierte Schülerhilfe wurde vor 25 Jahren entwickelt. Sie ergab sich aus der Notwendigkeit, die Kinder früher zu »erwischen«. In den Schulen war diese Möglichkeit gegeben.

Für beide Hilfen ist ein »Procedere von A bis Z« entwickelt worden (von der Antragstellung bis zur Beendigung), das die praktische Umsetzung erheblich erleichtert. Zum *Heidelberger Modell der Sozialpädagogischen Familien- und Erziehungshilfe* werden Fortbildungen angeboten.

Die Sozialpädagogische Familienhilfe steht unter dem Motto: *Von der Alltagsbewältigung zur Integration.* Das im Rahmen der Sozialpädagogischen Familienhilfe entwickelte »*Umfeldorientierte Modell*« (Rothe 9/1994) ist inzwischen in der Praxis erprobt und belegt die Bedeutung von »Integration statt Isolation«. Ein unter diesem Titel laufendes Projekt wurde von mehreren Seiten gefördert und führte zu außergewöhnlich guten Erfolgen.

Die »Grundsätze systemischer Familienarbeit« (Rothe 2/1993) stehen im Mittelpunkt der Arbeit, ebenso die Leitgedanken:

- aus der Logotherapie nach Viktor Frankl,
- aus der initiatischen Therapie nach Karlfried Graf Dürckheim,
- aus der Positiven Psychotherapie nach N. Peseschkian,
- nach der systemischen Familienarbeit.

Leitgedanken

- In kleinen Schritten zu großen Erfolgen.
- An den Fähigkeiten anknüpfen, statt Defizite zu beschreiben.
- Um meine Werte wissen – deine Werte achten.
- Die Andersartigkeit, aber Gleichwertigkeit der Menschen anerkennen.
- Mit der Familie planen statt für die Familie.
- Motivation statt Aktion.
- Hinkommen zum Ziel, statt Wegkommen vom Problem.
- Ermutigen statt entmündigen.
- Vom Nehmen zum Geben.
- Integration statt Isolation.

Marga Rothe

Sozialpädagogische Familienhilfe

*»Wir lernen die Menschen nicht kennen,
wenn sie zu uns kommen;
wir müssen zu ihnen gehen,
um zu erfahren, wie es mit ihnen steht.«*

Johann Wolfgang von Goethe

Mit Visionen und Tatkraft die Zukunft gestalten

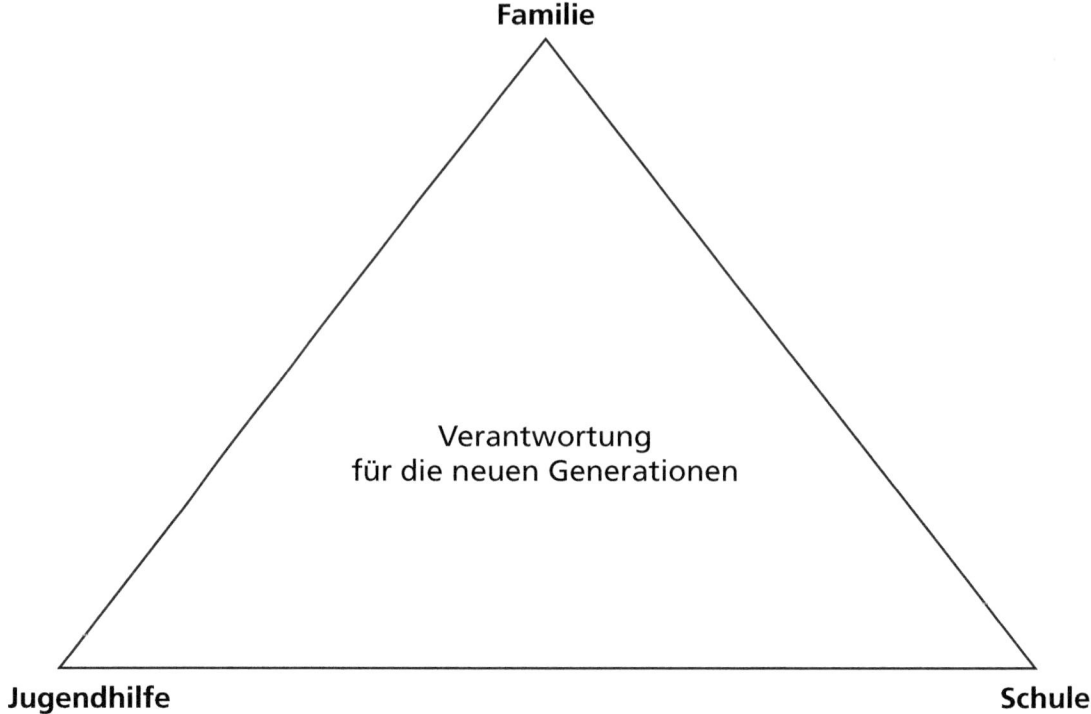

Sozialpädagogische Familienhilfe
von der Alltagsbewältigung zur Integration

von

der isolierten Familie

⇩

Entdecken der Ressourcen und Fähigkeiten

⇩

Befähigung zur Alltagsbewältigung

⇩

Befähigung zum Wahrnehmen von Kontakten

⇩

Erarbeiten von Selbshilfeplänen und Einhalten von Absprechen

⇩

Erarbeiten von Integrationsplänen

⇩

zur

Integrierten Familie

Sozialpädagogische Familienhilfe ist der Umgang mit den Möglichkeiten der Familien.

Informationsblatt für Familien zur sozialpädagogischen Familienhilfe

Was ist Familienhilfe?

Familienhilfe ist eine intensive, zeitlich begrenzte, familienunterstützende Hilfe für Eltern und Kinder bei der Alltagsbewältigung und Integration.

Die Kosten werden vom Jugendamt übernommen. Rechtsgrundlage ist das achte Sozialgesetzbuch.

Wie bekommt eine Familie Familienhilfe?

Familienhilfe kann vom Jugendamt initiiert oder von den Eltern beantragt werden. Das Jugendamt berät die Eltern und prüft, ob Familienhilfe geeignet ist, der Familie bei der Lösung ihrer Probleme zu helfen.

Der Familie wird die Bewilligung einer Familienhilfe schriftlich mitgeteilt. Das Jugendamt sucht für die Durchführung der Maßnahme einen passenden Anbieter aus, der über Erfahrung mit dieser Hilfeform und über Fachkräfte verfügt.

Ablauf einer Familienhilfe

Gegenseitiges Vertrauen und die Bereitschaft zu Veränderungen sind die Grundlage für eine erfolgreiche Familienhilfe.

Zunächst haben die Familienmitglieder und der/die Familienhelfer/in Zeit, sich gegenseitig kennenzulernen und Vertrauen zueinander zu fassen. Darauf aufbauend kann jedes Familienmitglied gemeinsam mit dem/der Familienhelfer/in die für ihn wichtigen Ziele und Veränderungsschritte finden und konkretisieren.

Etwa drei Monate nach Beginn der Familienhilfe entscheiden die Familie und der/die Familienhelfer/in, ob sie gemeinsam weiterarbeiten wollen.

Die von jedem Familienmitglied angestrebten Ziele werden in dem gemeinsam mit dem/der Familienhelfer/in erstellten Selbsthilfeplan festgehalten. Die Handlungsschritte zum Erreichen dieser Ziele werden regelmäßig gemeinsam überprüft, so dass für alle Beteiligten der Fortschritt sichtbar wird.

Der Selbsthilfeplan mit den dazugehörigen Fragen dient als Gesprächsgrundlage.

Jede Familienhilfe wird von dem/der zuständigen Sozialarbeiter/in des Jugendamtes begleitet. Dazu finden regelmäßig Hilfeplangespräche statt, an denen die Familie, der zuständige Mitarbeiter des Allgemeinen Sozialen Dienstes (ASD) und der sozialpädagogische Familienhelfer teilnehmen.

Das Ende der Familienhilfe wird eingeleitet, wenn die Familie den Alltag allein bewältigen kann und die Integration in das soziale Umfeld – zumindest – eingeleitet ist.

Procedere Sozialpädagogische Familienhilfe in der AGFJ Familienhilfe-Stiftung § 31 SGB VIII

1. Das Jugendamt benennt der AGFJ Familienhilfe-Stiftung eine Familie.
2. Die AGFJ Familienhilfe-Stiftung prüft, ob geeignete freie Kapazitäten vorhanden sind.
3. Das Erstgespräch findet zusammen mit dem ASD und der Familie statt, hierbei wird der vorläufige Hilfeplan (§ 36 SGB VIII) erstellt.
4. Nach drei Monaten findet das Gespräch nach Ablauf der Kennenlernphase statt. Dabei wird der Hilfeplan überprüft.
5. Nach diesem Gespräch beginnen Familie und Familienhelfer/in mit der Erstellung des Selbsthilfeplans.
6. Danach findet – je nach Bedarf – alle 6 Monate ein Hilfeplangespräch mit ASD, Familienhelfer/in und Familie statt. Hierbei dient der Selbsthilfeplan als Gesprächsgrundlage.
7. Zirka drei Monate vor Beendigung der SPFH wird gemeinsam mit der Familie ein Abschlussbericht erstellt und ein »Integrationsplan« unter Berücksichtigung des umfeldorientierten Modells erarbeitet.

```
Hilfebedürftige Familiensituation
              ⇩
        Tätigwerden des ASD
              ⇩
       Einbeziehung der AGFJ
              ⇩
      Gemeinsame Bedarfsprüfung
              ⇩
    Hilfeplan/Einleitung der Hilfe
              ⇩
   Selbsthilfeplan unter Einbeziehung
        der regionalen Ressourcen
              ⇩
Umsetzung des Selbsthilfeplans durch Begleitung
    und Koordination der Handlungsschritte
           und der Beteiligten
              ⇩
      Erstellen eines Integrationsplans
  zur selbständigen Umsetzung und Ablösung
```

Aufbau und Ablauf der Sozialpädagogischen Familienhilfe

1. Stadium des Beziehungsaufbaues und der Klärung des Hilfebedarfs
(in der Regel ca. 3 Monate)

1.1 Vereinbarung (Familie, ASD, SPFH) über Ziele, Hilfeform und Hilfeumfang.
1.2 Erwerb von Vertrauen.
1.3 Entdecken der Ressourcen und Fähigkeiten der Familienmitglieder.
1.4 Wahrnehmen der Grundbedürfnisse des Familiensystems.
1.5 Klärung des Hilfebedarfs.

Die Menschen reisen in fremde Länder und staunen über die Höhe der Berge, die Gewalt der Meereswellen, die Länge der Flüsse, die Weite des Ozeans, das Wandern der Sterne. Aber sie gehen ohne Staunen aneinander vorbei.

Falls SPFH angezeigt ist, folgt:

2. Stadium der Planung und Erprobung von Veränderungen
(in der Regel ca. 1 Jahr)

2.1 **Alltagsbewältigung**
Befähigung
- zur Regelung der Anforderungen im Tagesablauf,
- zur Planung von zukünftigen Erfordernissen,
- zur Übernahme von Verantwortung,
- zur Befähigung zu Kommunikation und Beziehung.

2.2 **Integration**
Befähigung zum Wahrnehmen und zur Pflege von Kontakten
- im formellen Bereich: Kindergarten, Schule, Arbeitsstelle, Ämter etc.
- im informellen Bereich: Nachbarschaft, Verwandte, Freunde, Gruppen, Vereine etc.

3. Stadium der Ablösung (in der Regel ca. 3 Monate)

3.1 Erarbeiten eines »Integrationsplanes« mit der Familie: Die Familie im Netz ihrer sozialen Kontakte, die so angelegt sein sollen, dass sie von der Familie in der Zukunft eigenständig weiter gepflegt werden können.

3.2 Ansprechpartner für bestimmte Fragestellungen definieren.

3.3 Definition und Beschreibung von Art und Umfang eventueller Anschlusshilfen (aus der Region, dem sozialen Umfeld).

3.4 Abschied nehmen.

In allen Phasen ist eine frühe, teilnahmeermöglichende Orientierung erforderlich, d. h. eine Aktivierung der Ressourcen und eine Förderung der Fähigkeiten, die eine Integration ermöglichen. Die Kenntnis der Integrationsmöglichkeiten vor Ort ist Voraussetzung für die Effektivität der Integrationsarbeit. Die Regionalisierung der Sozialpädagogischen Familienhilfe dient diesem Ziel.

Falls sich in der Phase des Beziehungsaufbaues herausstellt, dass eine – vorübergehende – Fremdunterbringung angezeigt ist, sollte sie – wenn möglich – im Netzwerk (Erziehungsstelle, Pflegestelle) erfolgen und begleitet werden von einer Vertrauensperson aus dem Stadium des Beziehungsaufbaues, um eine mögliche Rückführung (mit SPFH-Begleitung oder mit sozialer Gruppenarbeit) rechtzeitig zu initiieren.

Erläuterungen zur (Selbst)Hilfeplanung

Der Hilfeplan ist eine Vereinbarung zwischen Jugendamt, Familie und AGFJ und wird vom Jugendamt erstellt. Mit der Zustimmung zum Hilfeplan geben alle Parteien ihr Ja zu den dort festgehaltenen Zielen, den Mitteln und Methoden zur Zielerreichung und den zeitlichen Vorgaben.

Die Überprüfung des Hilfeplanes, d. h.

Grundlage für das Erstellen von Selbsthilfeplänen: »Wenn Du ein Schiff bauen willst, so sammle nicht Leute zusammen, um Holz zu beschaffen, Werkzeuge vorzubereiten, Aufgaben zu vergeben und die Arbeit einzuteilen, sondern wecke die Sehnsucht nach dem weiten, endlosen Meer.«
Antoine de Saint Exupery

- die Überprüfung der Erreichbarkeit der dort aufgestellten Ziele,
- die Überprüfung der zeitlichen Vorgaben,
- die Überprüfung der Eignung der Hilfeart,

obliegt als gesetzliche Pflicht dem Jugendamt. Es ist aber in die Verantwortung des ausführenden freien Trägers gegeben, die Hilfe eigenverantwortlich auszuführen und objektiv über Form, Inhalt und Zeitrahmen der übernommenen Hilfe zu berichten.

Der zwischen Familienhelfer/in und Familie erstellte *Selbsthilfeplan* (siehe Rothe 2013 *»Sozialpädagogische Familienhilfe«*) mit seinen anschließenden Fragen vermittelt eine genaue Kenntnis über die Effizienz der angebotenen Hilfeform und über die Möglichkeiten und Fähigkeiten der einzelnen Familienmitglieder, in dieser Hilfeform Erfolge zu erzielen. Er grenzt die subjektive Einschätzung der Beteiligten ein. Durch die Konkretisierung der Aufgaben, die die einzelnen Familienmitglieder übernehmen, lassen sich die Bereitschaft und die Möglichkeiten der Familie in dieser Hilfeform mitzuarbeiten, konkret feststellen.

Die Familie/das einzelne Familienmitglied wird Partner im Hilfeprozess und übernimmt Mitverantwortung für Scheitern oder Gelingen der Hilfe.

Für viele »Helfer« – gleich welcher Provenienz – bedeutet dies ein Umdenken:

- vom Machen zum (Zu-)lassen,
- vom Zumuten zum Zutrauen,
- vom Für (die Familie) zum Mit (der Familie),
- vom Entmündigen zum Ermutigen,
- von der Isolation zur Integration.

Hilfeplan und Selbsthilfeplan sind hervorragende Instrumente, die Beteiligten immer wieder an den im übertragenen Sinne »runden Tisch« zu bringen und der Familie Verantwortung zu lassen und/oder zu geben.

Nicht der Familienhelfer ist der, der sich überlegt und sagt, was zu tun ist, sondern die Familie hat den gleichen Stellenwert im Prozess der Hilfefindung wie Jugendamt und freier Träger.

Hilfeplan (§ 36 KJHG)

Bedarfs- und Zieldefinition als Vertragsgrundlage
zwischen ASD – Familie – SPFH

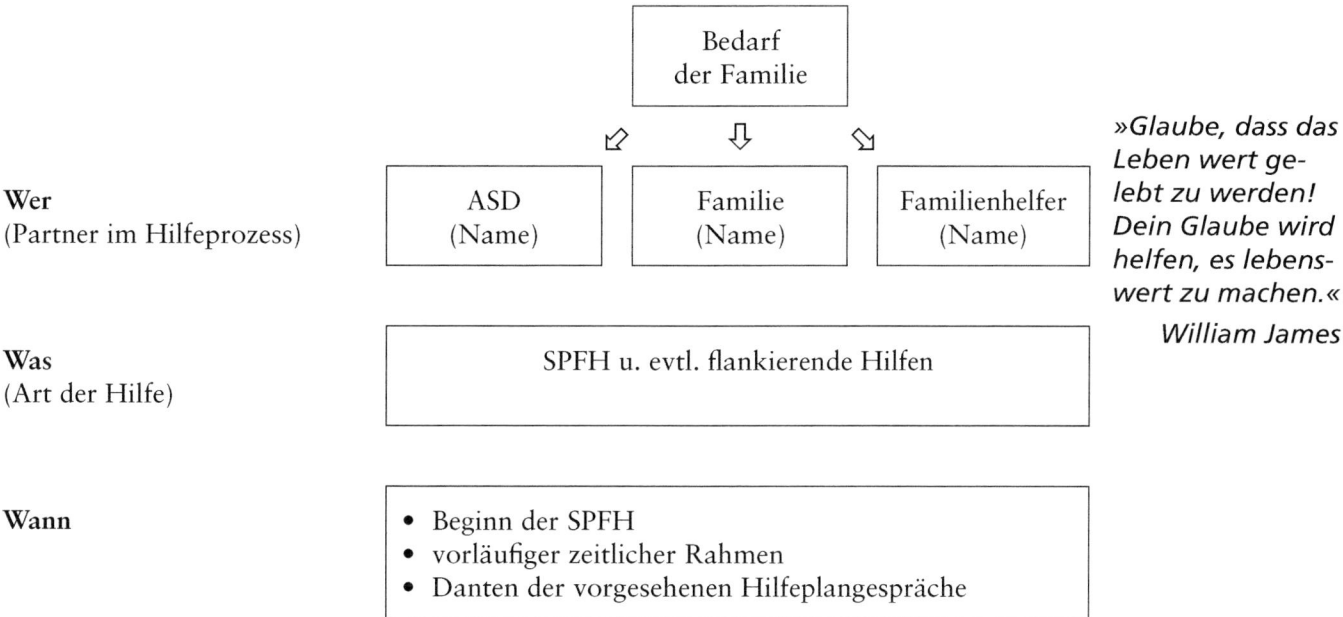

Wer
(Partner im Hilfeprozess)

Was
(Art der Hilfe)

Wann
- Beginn der SPFH
- vorläufiger zeitlicher Rahmen
- Danten der vorgesehenen Hilfeplangespräche

»*Glaube, dass das Leben wert gelebt zu werden! Dein Glaube wird helfen, es lebenswert zu machen.*«

William James

SPFH
Hilfeplan (§ 36 KJHG)

Name und Anschrift des Sozialarbeiters: Name und Anschrift des Familienhelfers:

....

....

....

1. Biographische Daten:

Vater oder Partner: ....

Geburtsdatum: ....

Anschrift und Tel.-Nr.:   ....

Mutter oder Partnerin: ....

Geburtsdatum: ....

Anschrift und Tel.-Nr.:   ....

Kinder/Jugendliche: ....

Geburtsdatum: ....

Anschrift und Tel.-Nr.:   ....

....

2. Familiäre Situation:

2.1 Wohnsituation der Familie/Haushaltsversorgung:

....

2.2 Arbeitssituation der erwachsenen Familienmitglieder:

....

2.3 Schul- und Ausbildungssituation der Kinder:

....

2.4 Finanzielle Situation:

....

3. Bisherige Kooperation für Jugendamt/Familie

3.1 Grund für das Tätigwerden des Jugendamtes, Zeitpunkt:

....

3.2 Bisherige Aktivitäten des Jugendamtes/Reaktion der Familie:

....

3.4 Stärken der Familie/besondere Fähigkeiten einzelner Mitglieder:

....

4. Geplante Kooperation Familie/Familienhilfe/Jugendamt

4.1 Anlass des Jugendamtes für den geplanten Einsatz von SPFH – Begründung des erzieherischen Bedarfs:

....

4.2 Globalziel für die Familie
    4.2.1 Besondere Schwerpunkte der SPFH:

    ....

    4.2.2 Voraussichtliche Dauer der Hilfe:

    ....

4.3 Datum der Übernahme durch eine FH:

....

4.4 Termin für das Gespräch nach Ablauf der ca. dreimonatigen Beziehungsaufbauphase:

....

Erstellen von Selbsthilfeplänen und Handlungsschritten

»Vom Machen zum Lassen«

1. In kleinen Schritten zu großen Erfolgen (was ein Erfolg ist, ist abhängig vom Ausgangsstatus und den »Erfolgsgewohnheiten«.

2. »Verbündete« suchen aus dem unmittelbaren sozialen Umfeld, dem erweiterten Umfeld und den gesellschaftlichen Einflussfaktoren.

3. Systemisch vorgehen nicht linear-kausal.

4. Perspektiven erarbeiten auf der Grundlage der Interessen und Energieverteilung unter der Fragestellung »Wie zufrieden bin ich mit der jetzigen Einteilung, will ich etwas ändern, wenn ja, was, (bis) wann?«

5. Zuständigkeiten klären: Wer beteiligt sich als »Verbündeter« beim Selbsthilfeplan? Wer erledigt was, wie und bis wann?

6. Der Familie die – kleinen und großen – Erfolge lassen (nicht selbst Erfolge sammeln). Die Erfolge der Familienmitglieder anerkennen und belohnen.

Devise:
»Motivieren statt Drangsalieren«

»Willst Du den Staat gut regieren, musst Du für Harmonie in der Familie sorgen.«
Konfuzius

Selbsthilfeplan

Für den Zeitraum: ....

Betrifft Familie (Name und Anschrift): ....

Familienhelfer/in: ....

Unterschrift der Familie: ....

Unterschrift des Familienhelfers: ....

»Solange der Mensch noch selber laufen kann, hat er kein Recht darauf, sich von anderen tragen zu lassen.«

Viktor Frankl

»... und die anderen haben die Pflicht, ihm nicht das Laufenkönnen abzugewöhnen.«

Marga Rothe

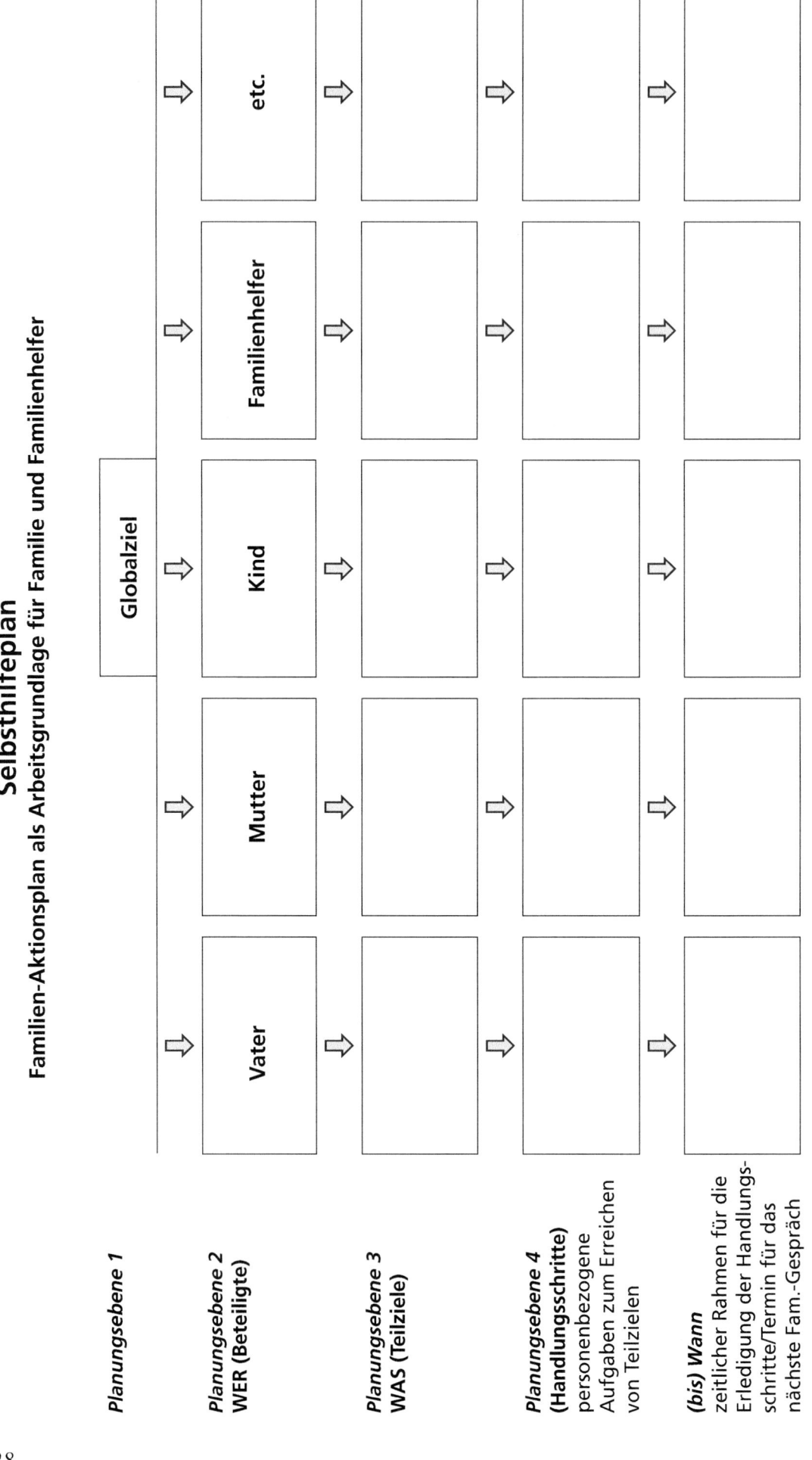

Beispiel eines mit der Familie erstellten Selbsthilfeplanes

Familie X hat innerhalb kurzer Zeit einen vertrauensvollen Kontakt zu der Familienhelferin aufgebaut und arbeitet intensiv an der Veränderung/Verbesserung der Familienstrukturen mit. Positive Entwicklungstendenzen waren schnell sichtbar, das Zusammenleben hat sich insgesamt schon entspannt.

Frau X hat ihren Alltag durch eine entlastende Organisation so strukturiert, dass sie für jedes Kind etwas Zeit hat. Sie ist psychisch stabiler und führt regelmäßig Gespräche mit ihren Kindern – mit und ohne Familienhelferin.

Sabrina ist ausgeglichener und ihre traurige Grundstimmung nicht mehr vorhanden. Sie hat seit Oktober ihr eigenes Zimmer, das sie weitgehend selbst aufräumt. Sabrina ist sehr kreativ. Frau X stellt ihr Materialien zum Basteln zur Verfügung. Sabrina geht außerdem regelmäßig zum Volleyball und in soziale Gruppenarbeit. Sie verwendet keinen Schnuller mehr. Sabrina hat eine lockere Freundschaft mit einem Mädchen aus der Nachbarschaft.

Ihr Verhältnis zur Mutter hat sich entspannt. Beide führen offene Gespräche über Sabrinas Alltagsleben. Zum Vater hat sie in lockeren Abständen Kontakt.

Ihre Beziehung zur Schwester Tamara ist angespannt und sie ist oft von dieser genervt. An dieser Beziehung arbeiten wir weiterhin.

In der Schule ist Sabrina durchschnittlich und wird nach den Sommerferien eventuell die Realschule besuchen.

Tamara ist zwecks Abklärung des Verdachts auf »Hyperaktivität« zur Untersuchung in der Kinder- und Jugendpsychiatrie Heidelberg gewesen. Diese Diagnose konnte nicht bestätigt werden. Tamara ist durchschnittlich intelligent, wurde bisher aber zu wenig gefördert. Eine Ergotherapie ist nicht notwendig.

Tamara besucht jetzt ganztags den Kindergarten in St. Ilgen. Sie ist nach Aussage der Erzieherin sehr gut integriert, sehr kreativ und hat altersentsprechendes Sozialverhalten. Sie ist hochmotiviert und dankbar für jede Anforderung und Anleitung.

Tamara ist seit diesem Zeitpunkt auch im häuslichen Bereich umgänglicher und selbst in Krisensituationen ansprechbar. Sie nimmt keinen Schnuller und keine Flasche mehr und nässt nicht mehr ein. Tamara lernt gerade, alleine in ihrem Bett zu schlafen. Z. Zt. schläft sie meistens zusammen mit Sabrina in deren Zimmer.

Katharina ist weitgehend unauffällig. Sie befindet sich gerade in einer »Ich-Findungs- und Trotzphase«.

In intensiven gemeinsamen Gesprächen hat die Familie mit der Familienhelferin einen Selbsthilfeplan für das nächste halbe Jahr erstellt.

Die Familienhilfe ist für diese Familie die geeignete Hilfeform. Die Mitarbeit ist konstruktiv und die Familie bemüht sich inzwischen um Verbesserung ihrer Lebenssituation.

Wo Deine Gaben liegen, da liegen Deine Aufgaben!

Selbsthilfeplan (Beispiel)

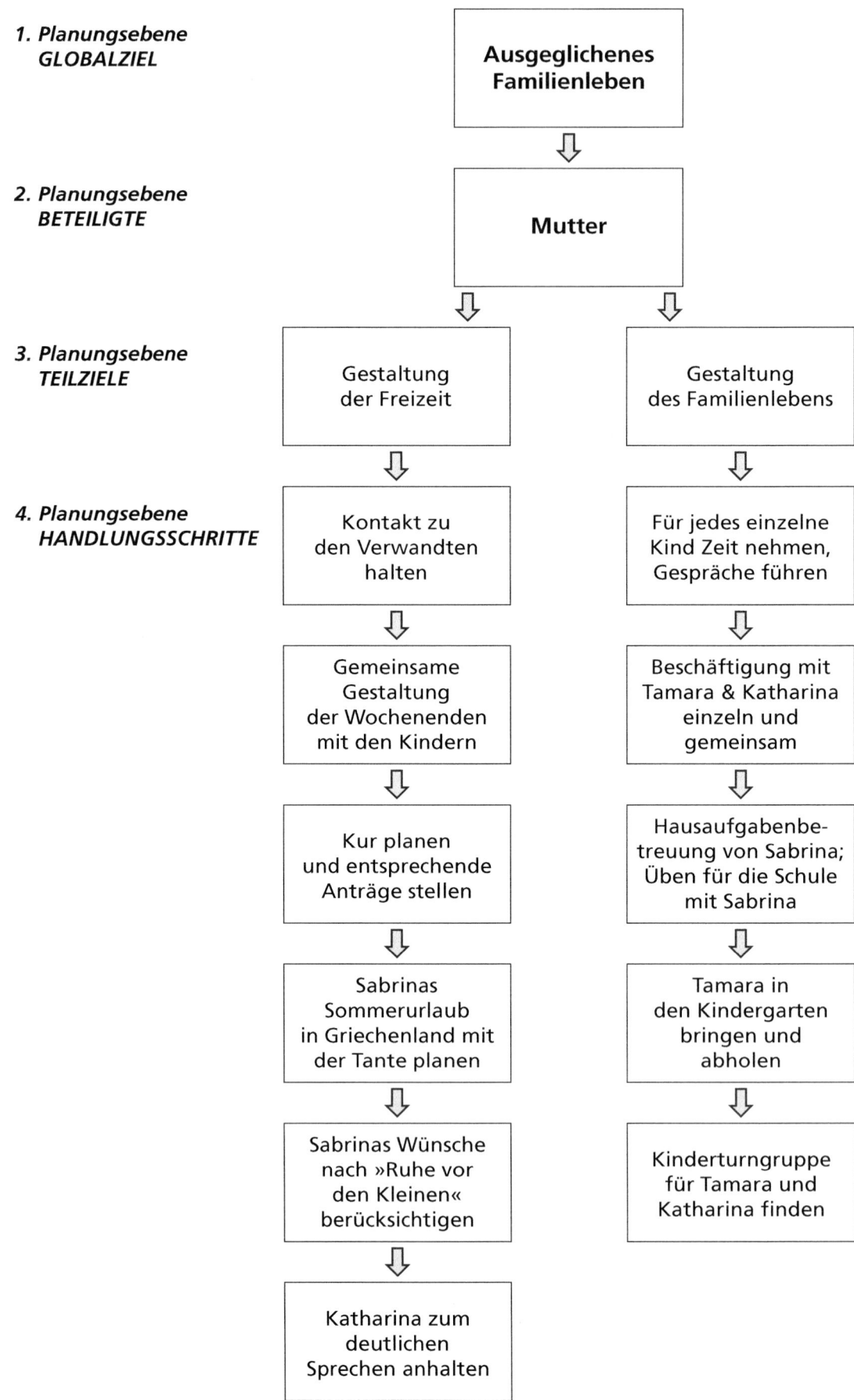

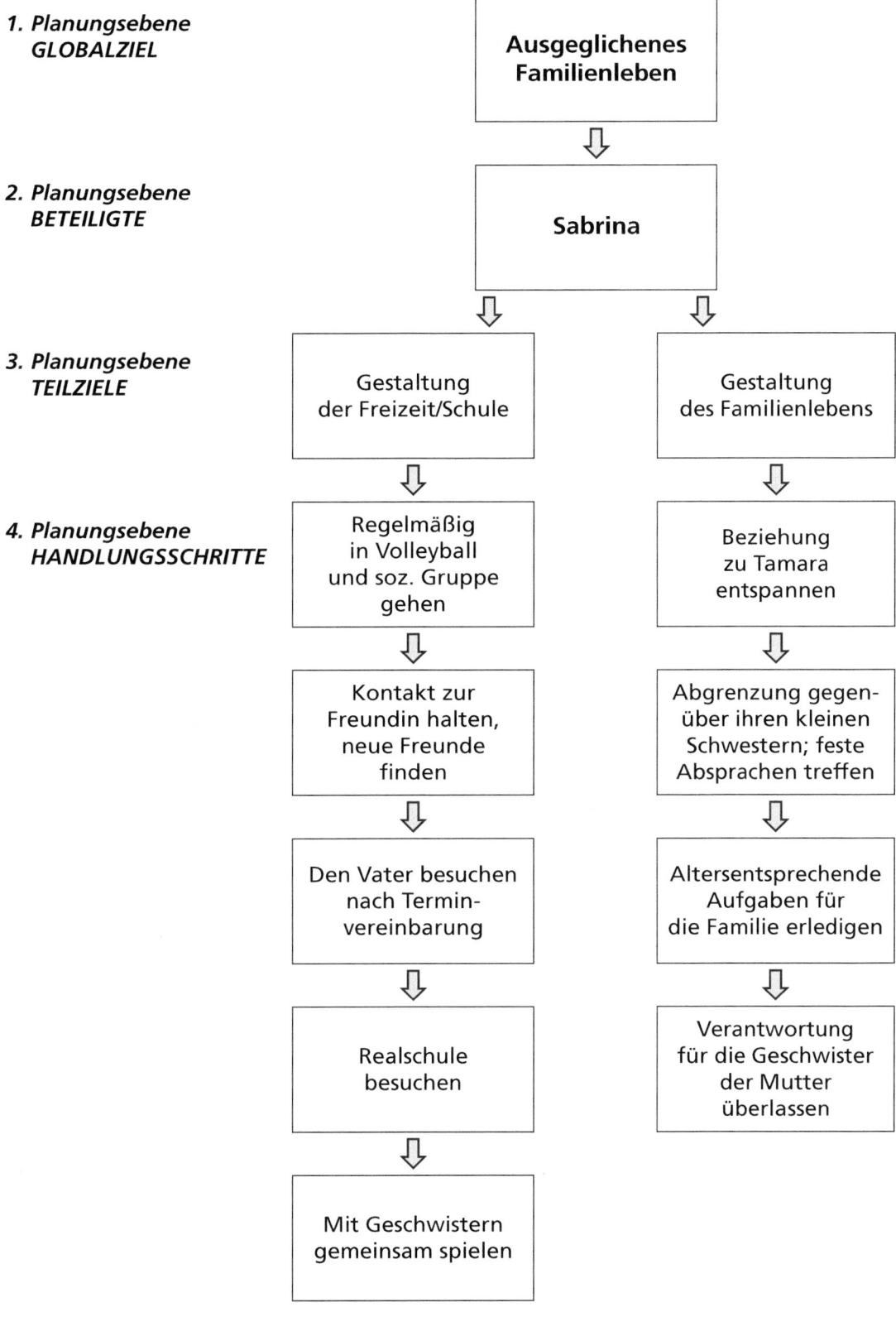

Sozialpädagogische Familienhilfe

Selbsthilfeplan (Beispiel)

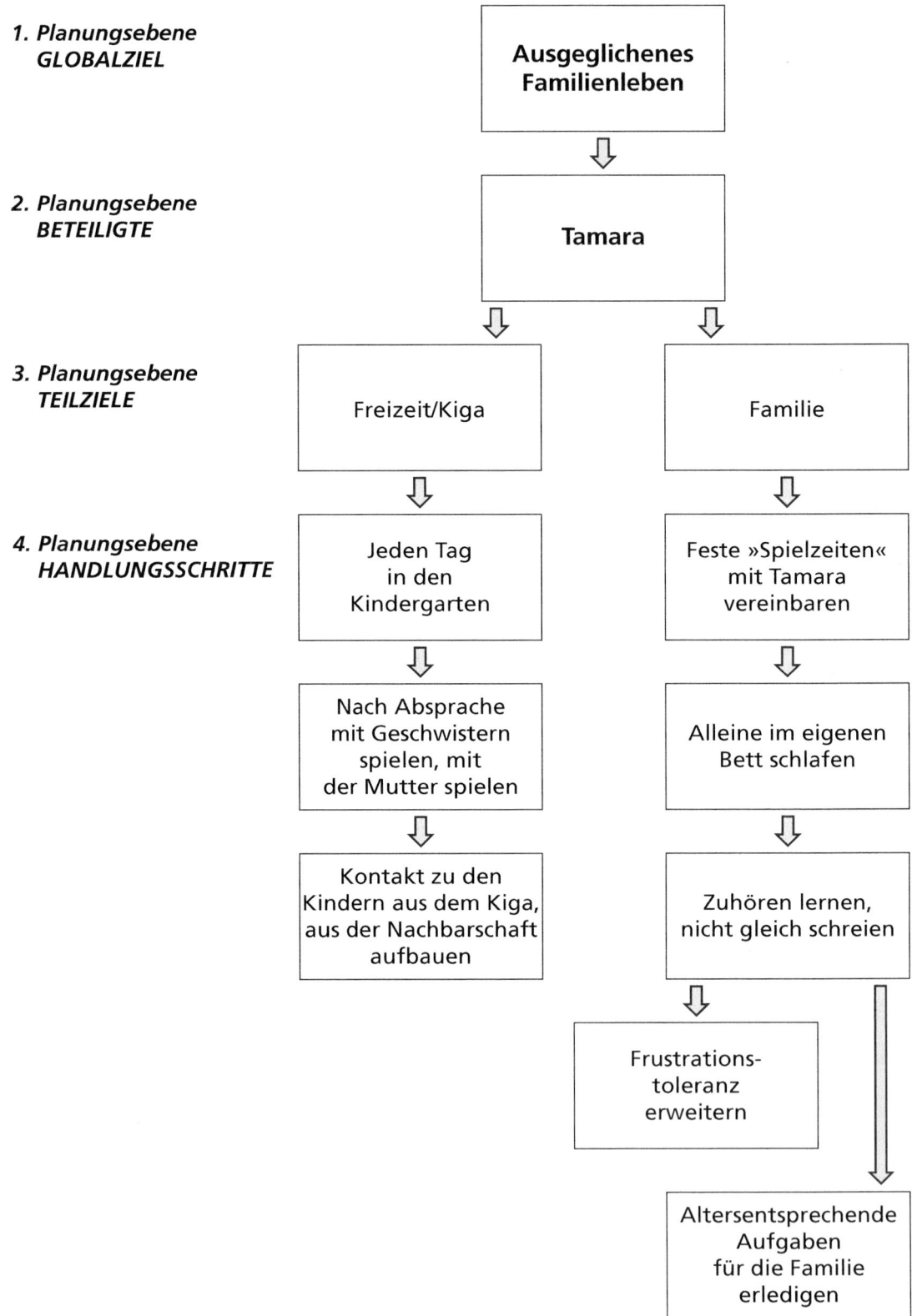

In einzelnen Handlungsschritten wird dieser Selbsthilfeplan umgesetzt. Regelmäßig führen wir Familiengespräche über die erzielten Erfolge und das weitere Vorgehen. Für die Umsetzung einzelner Handlungssequenzen sind keine konkreten Termine vereinbart, da die Familie sehr motiviert an der Verbesserung/ Harmonisierung ihrer Situation mitarbeitet.

Die Familienhelferin ist Ansprechpartnerin für alle Familienmitglieder. Sie gibt Sabrina Hilfe und Unterstützung in schulischen Angelegenheiten, macht ihr freizeitpädagogische Angebote und führt mit ihr Einzelgespräche.

Mit Tamara führt sie altersentsprechende Einzelförderung durch. Durch kleine Aufgaben wird eine positive Verhaltensänderung angestrebt.

Die Familienhelferin berät die Mutter in allen Erziehungsangelegenheiten. Sie hält Kontakt – nach Absprache mit der Mutter – zum Kindergarten, zur Schule und zum Jugendamt.

Handlungsschritte zum Selbsthilfeplan
Personenbezogene Aufgaben zum Erreichen von Teilzielen

Mutter

- für jedes einzelne Kind Zeit nehmen
    - mit Sabrina sprechen/Hausaufgaben betreuen: mittags und abends
        - ☐ nie ☐ selten ☐ oft ☐ immer
    - mit Tamara spielen/basteln u. a.: nach dem Kindergarten
        - ☐ nie ☐ selten ☐ oft ☐ immer
    - mit Katharina spielen: morgens
        - ☐ nie ☐ selten ☐ oft ☐ immer
    - Tamara in den Kindergarten bringen/abholen
        - ☐ nie ☐ selten ☐ oft ☐ immer
- Kinderturngruppen finden, bei Vereinen anrufen
- Kur planen/Mutter-Kind-Kur, Antrag holen/ausfüllen
- Sabrinas Sommerurlaub mit planen, Absprache mit der Schwester (Tante)
- Sabrinas Wünsche nach »Ruhe vor den Kleinen« berücksichtigen
    - Sabrina im eigenen Zimmer lassen
        - ☐ nie ☐ selten ☐ oft ☐ immer
    - Sabrina einen persönlichen Freiraum geben
        - ☐ nie ☐ selten ☐ oft ☐ immer

Handlungsschritte zum Selbsthilfeplan

Sabrina

- Beziehung zu Tamara entspannen/Verantwortung an die Mutter wie
    - Feste Spieltermine vereinbaren
    - »nicht stören«-Schild an die Tür hängen
        - ☐ nie   ☐ selten   ☐ oft   ☐ immer
    - Tamara nicht in Kindergarten bringen/abholen
        - ☐ nie   ☐ selten   ☐ oft   ☐ immer
    - Tamara ruhig zuhören
        - ☐ nie   ☐ selten   ☐ oft   ☐ immer
    - Weniger streiten
        - ☐ nie   ☐ selten   ☐ oft   ☐ immer
- Altersentsprechende Aufgaben übernehmen
    - Zimmer aufräumen
        - ☐ nie   ☐ selten   ☐ oft   ☐ immer
    - Tisch decken
        - ☐ nie   ☐ selten   ☐ oft   ☐ immer
    - Küche mit aufräumen
        - ☐ nie   ☐ selten   ☐ oft   ☐ immer
- Regelmäßig zum Volleyball/soz. Gruppe
    - ☐ nie   ☐ selten   ☐ oft   ☐ immer
- Kontakt zur Freundin halten
    - Verabreden
        - ☐ nie   ☐ selten   ☐ oft   ☐ immer
    - Einladen
        - ☐ nie   ☐ selten   ☐ oft   ☐ immer
- Vater besuchen nach Terminvereinbarung
    - ☐ nie   ☐ selten   ☐ oft   ☐ immer
- Zur Realschule gehen, täglich für die Schule üben
    - ☐ nie   ☐ selten   ☐ oft   ☐ immer
    - Bücher lesen
        - ☐ nie   ☐ selten   ☐ oft   ☐ immer

Handlungsschritte zum Selbsthilfeplan

Tamara

- Gestaltung des Familienlebens
    - Alleine im Bett schlafen
        - ☐ nie   ☐ selten   ☐ oft   ☐ immer
    - Feste Absprachen mit Sabrina
    - Weniger ins Zimmer rennen
    - Weniger streiten
        - ☐ nie   ☐ selten   ☐ oft   ☐ immer
    - Zuhören lernen, nicht gleich schreien
        - ☐ nie   ☐ selten   ☐ oft   ☐ immer
- Altersentsprechende Hausaufgaben
    - Beim Kochen helfen, Tisch decken/abräumen
        - ☐ nie   ☐ selten   ☐ oft   ☐ immer
    - Jeden Tag in den Kindergarten
    - Ohne Streit anziehen und gleich losgehen mit der Mutter
        - ☐ nie   ☐ selten   ☐ oft   ☐ immer
    - Mit Geschwistern/Mutter spielen
    - Spielzeiten vereinbaren
        - ☐ nie   ☐ selten   ☐ oft   ☐ immer
    - Kontakt zu anderen Kindern aufbauen (spielen, verabreden)
        - ☐ nie   ☐ selten   ☐ oft   ☐ immer

Auswertungsfragen als Berichtsgrundlage

1. Veränderungsbereitschaft und positive Entwicklung bzw. Entwicklungstendenzen der Familie und/oder einzelner Familienmitglieder
2. Wurde der Selbsthilfeplan unverändert beibehalten?   ja/nein
   Wenn nein, auf welcher Ebene wurde er geändert?

   ....

   2.1 Planungsebene 1: Wurde das Globalziel geändert?   ja/nein
   Wenn ja, wie? (Begründung)

   ....

   2.2 Planungsebene 2: Kamen Personen oder Institutionen hinzu?   ja/nein
   Wenn ja, welche? (Begründung)

   ....

   2.3 Planungsebene 3: Wurden Teilziele erreicht?   ja/nein
   Wenn ja, welche? (Begründung)

   Wenn nein, welche? (Begründung)

   ....

   Wurden Teilziele geändert?   ja/nein
   Wenn ja, welche? (Begründung)

   ....

   Wurden neue Teilziele eingefügt?   ja/nein
   Wenn ja, welche? (Begründung)

   ....

   Wurden Teilziele aufgegeben?   ja/nein
   Wenn ja, welche? (Begründung)

   ....

   2.4 Planungsebene 4: Wurden Handlungsschritte erreicht?   ja/nein
   Wenn ja, welche? (Begründung)

   Wenn nein, welche? (Begründung)

   ....

   Wurden Handlungsschritte geändert?   ja/nein
   Wenn ja, welche? (Begründung)

   ....

   Wurden neue Handlungsschritte eingefügt?   ja/nein
   Wenn ja, welche? (Begründung)

   ....

   Wurden Handlungsschritte aufgegeben?   ja/nein
   Wenn ja, welche? (Begründung)

   ....

Mögliche Gründe für Änderungen

- Ziel entsprach nicht den Wertvorstellungen der Familie und/oder des sozialen Umfeldes.
- Ziel hatte keinen/zu geringen Aufforderungscharakter. Entsprach nicht den Interessen der Familie.
- Ziel knüpfte nicht an den vorhandenen Fähigkeiten an etc.
- Ziel wurde nur aufgenommen, um dem/der Familienhelfer/in einen Gefallen zu tun.
- Sonstige Gründe.

Der Familienhelfer als Mutmacher: Er setzt sich mit dem Problem des/der anderen auseinander. Er vereinfacht das Problem so weit, dass sich ein Erfolg einstellen kann. Er vergisst seine eigenen Maßstäbe und versetzt sich in die Situation des Kindes. Er sieht von seinem Bedürfnis ab, den anderen zu zeigen, was er alles kann.

Abschlussbericht

für den Zeitraum von – bis:
....

betrifft Familie/Kind:
....

Name und Anschrift:
....
....
....

Familienhelfer/in: AGFJ
....

Sozialarbeiter/in ASD:
....

Datum:
....

Unterschrift der Familie:
....

Unterschrift Familienhelfer/in:
....

Sozialpädagogische Familienhilfe

1. Welche Gründe gibt es für die Beendigung der Sozialpädagogischen Familienhilfe?

   ....

   ....

2. Wie war die Bereitschaft der Familienmitglieder zur Mitarbeit und zur Veränderung während der Begleitung durch die SPFH/Fam. Schülerhilfe?

   ....

   ....

3. Welche Bereitschaft zeigte die Familie und welche Fähigkeiten entwickelte sie, an den Zielen des Selbsthilfeplans mitzuarbeiten?

   ....

   ....

4. Welche Fortschritte machte die Familie bei der Alltagsbewältigung?

   ....

   ....

5. Erfolgte eine Integration in Angebote des sozialen Umfeldes (Vereine, kirchl. Gruppen etc.),
   - wenn ja, für welche Familienmitglieder?

     ....

     ....

   - wenn nein, weshalb nicht?

     ....

     ....

6. Wie ist die Qualität der Beziehungen zu den für die Familie wichtigen Institutionen wie Schule, Arbeitsstätte, Ämtern etc.?

   ....

   ....

7. Welche positiven Einflüsse und Potentiale wurden aktiviert oder können noch aktiviert werden zur Förderung von Familie und Kindern?

   ....

   ....

8. Reichen die aktivierbaren oder aktivierten Einflüsse und Potentiale aus, um den Kindern das Hineinwachsen in ein selbständiges Leben zu ermöglichen?

   ....

   ....

9. Welche familienunterstützenden, familienergänzenden oder eventuell familienersetzenden Maßnahmen sind für die Zukunft sinnvoll und angezeigt?

   ....

   ....

Effizienzsteigerung durch Regionalisierung und Ressourcenorientierung

Die Sozialpädagogische Familien- und Erziehungshilfe findet statt zwischen

Alltagsbewältigung und Integration

Insbesondere für die Integration ist die Kenntnis der Ressourcen des sozialen Umfeldes erforderlich. Kontakte zu den Vertretern von Kirchen, Schulen, Vereinen etc. sind Voraussetzung für die Schaffung von Integrationsmöglichkeiten.

Außerdem bringt die Regionalisierung eine

- Begrenzung der Fahrtzeiten zu Gunsten der Betreuungszeiten,
- Begrenzung der Fahrtkosten,
- Begrenzung der Dauer der SPFH

durch konsequente Orientierung der Hilfe an den Integrationsmöglichkeiten des sozialen Umfeldes.

Regionalisierung hat das Ziel der besseren Kooperation, besseren Kenntnis von regionalen Ressourcen und besseren Integrationschancen.

Zur Sicherung eines langfristigen Erfolges kann der Einsatz Ehrenamtlicher aus dem sozialen Umfeld sinnvoll sein. Diese Ehrenamtlichen halten auch nach Beendigung der SPFH Kontakt zur Familie.

Ehrenamtliche können eingesetzt werden, z. B.:

- als Hausaufgabenhilfe,
- als »Integrationspate«,
- zur Alltagsbewältigung mit konkreten Aufgaben wie
  - Haushaltsversorgung
  - Umgang mit Geld etc.

Voraussetzungen für den ergänzenden Einsatz Ehrenamtlicher in der Sozialpädagogischen Familien- und Erziehungshilfe sind:

- eine Einsatzplanung durch hauptamtliche Fachkräfte mit konkreter Aufgabenbeschreibung und Zuordnung,
- eine regelmäßige Praxisanleitung,
- regelmäßige Fortbildung.

Elterntraining

1. Alltagsbewältigung

- Haushaltsführung
- Ordnung, Kochen, Geld, Schulden etc.
- Umgang mit Institutionen: Schulen, Arbeitsstelle etc.
- Umgang mit Behörden: Gesundheitsamt, Jugendamt, Agentur für Arbeit etc.
- Struktur und Organisation der Familie: Familienplanung, Organisation der Familie, Aufgabenverteilung
- Kindererziehung
- Familie und Gesundheit

2. Integration

- Öffnung der Familie (Vertrauen fassen, Selbstbewusstsein finden etc.)
- Elternrolle und soziales Umfeld
- Kontakte knüpfen und halten zu Nachbarn, Freunden, Vereinen etc.
- Außerhäusliche Arbeit und Familienarbeit koordinieren
- (Integrations-)Wünsche artikulieren und realisieren
- Interesse von Eltern und Kindern erkunden, abstimmen und realisieren

3. Wer keine Aufgabe hat, wird zur Aufgabe

- Meine Aufgaben
  - den Tag planen
  - die Woche planen
  - das Jahr planen

Marga Rothe

Familienorientierte Schülerhilfe

Alle Bildungsprogramme für Kinder und Jugendliche sind ohne Einbeziehung der Eltern, ohne Weckung des Interesses an den »Bildungsleistungen« ihrer Kinder Investitionen mit geringer Wirkung.

Möglichkeiten Familienorientierter Schülerhilfe

Familienorientierte Schülerhilfe ist ein die Familie einbeziehendes Angebot, das in den Schulen stattfindet. Es vermittelt den Kindern und Jugendlichen, die von Ausgrenzung bedroht sind, durch individuelle Hilfen zum sozialen, lebenspraktischen und schulischen Lernen Integrationschancen.

Heute sind vor allem Kinder und Jugendliche, die ohne Schulabschluss die Schule verlassen, von einer langfristigen Ausgrenzung bedroht, mit allen bekannten Folgen abweichenden Verhaltens jeder Provenienz. Aber nicht nur die Schule ist Zuweisungsinstanz von Zukunftschancen, sondern auch – in hohem Maße – die Familie und das unmittelbare soziale Umfeld.

Das Verhalten wird weitgehend in der Familie geprägt. Kinder, die nie arbeitende Vorbilder erleben und die täglich erfahren, dass es Dummheit ist, sich zu engagieren, weil man im Vergleich zu unteren Lohngruppen auch genauso gut von Hartz IV leben kann, tun sich oft schwer mit einem regelmäßigen Schulbesuch und einer Arbeitsmotivation, die schulischen und/oder beruflichen Erfolg verspricht.

Seit 25 Jahren bietet die AGFJ Familienhilfe-Stiftung in Heidelberg und Umgebung Familienorientierte Schülerhilfe in Förder- und Hauptschulen an. Dieses Angebot ist inzwischen von anderen Stadt- und Landkreisen übernommen worden.

Familienorientierte Schülerhilfe will als Instrument der Jugendhilfe in dem Dreieck Schule – Familie – Schüler vermittelnd und motivierend tätig sein.

Bei der Familienorientierten Schülerhilfe geht es um Kinder und Jugendliche, die punktuell oder längerfristig aus dem Klassenverband herausfallen, d. h. nicht integrierbar sind aufgrund auffälligen Verhaltens jedweder Provenienz. Mit diesen Schülern trainiert die Familienorientierte Schülerhilfe mit unterschiedlichen Mitteln und Methoden und unterschiedlichsten Schwerpunkten schulisches Lernen, soziales Lernen und lebenspraktisches Lernen.

Zukunftsprobleme

In Deutschland verlässt jedes Jahr eine wachsende Zahl von Kindern ohne Schulabschluss – zum Teil als Analphabeten – die Schule. Ein wachsender Prozentsatz der Schüler kennt Deutsch nur als Fremdsprache, da zuhause die Sprache des Herkunftslandes gesprochen wird.

Die Gründe für außerordentlich geringe Eingliederungschancen in das Arbeitsleben liegen häufig im sozialen Verhalten: in der marginalen Ausprägung der Grundfähigkeiten wie Sauberkeit, Pünktlichkeit, Ordnung und in unangemessenen Aggressions- oder Rückzugsreaktionen auf Erwatungen von Schule, Berufsausbildung oder Arbeitsplatz. Besonders die Familien bedürfen der Hilfe, deren Kinder wegen inadäquaten familiären Sozialverhaltens keine Integrationschancen haben.

Hier kann Familienorientierte Schülerhilfe einen Beitrag leisten zur Lösung zweier, sich gegenseitig bedingender, Zukunftsprobleme:

1. der dauerhaften Ausgrenzung eines nicht unerheblichen Teiles der jungen Generation von der Teilnahme am Arbeitsleben und damit am Leben der Gesellschaft mit allen bekannten Folgen für die körperliche und seelische Gesundheit,
2. der daraus resultierenden Kostensteigerung im Gesundheits- und Sozialwesen.

Dauerhafte Abhängigkeit von öffentlicher Hilfe ist mehr als nur ein soziales Stigma! Außerdem – so scheint es – ist Bezug von Hartz IV »vererbbar«. Kinder aus Familien ohne arbeitende Vorbilder sind deutlich häufiger in Hartz IV zu finden. Die Lawine rollt!

Ursachen sozialer Ausgrenzung

Lese-, Schreib- und Rechenkenntnisse sind heute mehr denn je Voraussetzung für eine Teilnahme am gesellschaftlichen Leben – und am Arbeitsleben.

Die dauerhafte Ausgrenzung eines nicht unerheblichen Teils von Kindern und Jugendlichen ist in erster Linie eine ethische Frage. Aber auch aus Kostengründen darf sie nicht hingenommen werden. Der Schule alleine die Verantwortung für diese Entwicklung zu geben wäre falsch. Sie braucht Unterstützung bei ihrem Bemühen um die Eingliederungschancen dieser Kinder.

Die Lehrer können die fehlenden oder – falschen – Vorbilder, die die Alltagserfahrungen vieler Kinder prägen, nicht alleine kompensieren, zumal einige von ihnen sich – verständlicherweise – bereits resigniert auf die Vermittlung des Lehrstoffes zurückgezogen haben.

Welche Kinder und Jugendliche sind von einer dauerhaften Ausgrenzung besonders bedroht?

- Kinder, die zur Orientierung und zur Identifikation auf vorwiegend von öffentlicher Hilfe lebende Eltern, Geschwister und Freunde angewiesen sind, die den Wert und die Befriedigung regelmäßiger Arbeit nicht mehr vermitteln. In diesen Familien gehört häufig schon das tägliche Aufstehen und zur Schule gehen nicht mehr zum festen Programm. Der pünktliche und regelmäßige Schulbesuch ist damit eine Utopie.
- Kinder, denen in der Schule von resignierten Lehrern signalisiert wird, dass es gleichgültig ist, ob sie pünktlich und regelmäßig kommen, ja, dass es sogar besser

Missgeachtet lebt sich's schwer, unbeachtet noch viel mehr!

»Die Pistole ist das Schreibgerät des Analphabeten.«

Barry Sanders

wäre, wenn der Störenfried nicht erschiene. Diese Kinder entscheiden sich zum Schuleschwänzen.
- Kinder, die rund um die Uhr die Möglichkeit haben, Gewaltmedien zu konsumieren. Sie laufen Gefahr, sich eines Tages an Gewalt, Diebstahl und Drogendelikten zu beteiligen, um im abweichenden Verhalten die ihnen verweigerte Anerkennung zu erhalten.

Möglichkeiten der Jugendhilfe

(über Maßnahmen wie SPFH, Familienorientierte Schülerhilfe u. ä.)

Welchen Beitrag kann Jugendhilfe leisten zur Verhinderung von Ausgrenzungsschicksalen und zur Dämpfung explodierender Kosten?

Jugendhilfe kann

- da, wo es angezeigt ist, in Familie und Schule Unterstützungs-, Ergänzungs- und zeitweise auch Ersatzfunktionen übernehmen,
- frühzeitig die Familien begleiten, die aus unterschiedlichen Gründen keine oder nur geringe Chancen haben, am Leben der Gemeinschaft teilzunehmen,
- den Eltern helfen, gute Eltern zu sein,
- Vorbild sein in den Grundtugenden: Ordnung, Pünktlichkeit, Sauberkeit etc.,
- den Eltern helfen, Fähigkeiten zu entwickeln, den Kindern kontinuierliche Zuwendung zu geben, eine Zuwendung, die Vertrauen in die eigenen inneren Kräfte möglich macht,
- den Lehrern helfen, die Defizite im Sozialverhalten nicht zu Defiziten im Intelligenzbereich werden zu lassen,
- in Fällen, in denen die Eltern dazu zeitweise nicht in der Lage sind, individuelle Orientierung und Identifikation über eine liebevolle Bezugsperson sicherstellen.

Familienorientierte Schülerhilfe ist in der Schule präsent, um Lehrer in aktuellen Belastungssituationen zu entlasten. Einzelne Kinder dürfen nicht als Störenfriede nach Hause geschickt werden und – weil sie kein Zuhause haben – herumstreunen. Die Ursachen der Ängste und Aggressionen, ihre Entstehung in Elternhaus, Schule und sozialem Umfeld sollten im konkreten Einzelfall herausgefunden und bearbeitet werden durch Kooperation

- mit Familie und sozialem Umfeld,
- mit Lehrern,
- mit Jugendhilfe-Einrichtungen,
- mit Berufsausbildungs- und Arbeitsstellen,
- mit Vereinen und Gruppierungen im Gemeinwesen.

Familienorientierte Schülerhilfe

- arbeitet fähigkeitsorientiert, nicht defizitorientiert!
  Für viele Kinder und Erwachsene – nicht nur aus sozialen Randgebieten – ist ihr Leben die Geschichte ihrer Defizite. Sie wissen, was sie von den gesellschaftlich gefragten/honorierten Postulaten nicht erfüllen können, aber sie wissen nicht, was sie erfüllen können. Daher legen sie sich häufig »andere Fähigkeiten« zu, durch die sie zwar die Anerkennung ihres unmittelbaren sozialen Umfeldes erhalten, aber gesellschaftliche Isolation und Ausgrenzung erfahren!
- fördert die Entfaltung der schöpferischen Kräfte des Kindes und macht sie nutzbar für die gesellschaftliche und berufliche Integration,
- weckt das vorhandene Fähigkeitspotential der Kinder durch kreatives/handwerkliches Tun, damit Selbstbewusstsein und Vertrauen in die eigenen Kräfte sich entwickeln können und die Freisetzung blockierter Intelligenz und Motivation ermöglicht wird,
- initiiert die selbständige Übernahme von Aufgaben bei Eltern und Kindern, damit Teilnahme und Mitverantwortung am Gelingen von Projekten möglich werden.

Intentionen Familienorientierter Schülerhilfe

Familienorientierte Schülerhilfe ist ein konkretes Hilfeangebot der Jugendhilfe, die die dauerhafte Ausgrenzung und Abhängigkeit von öffentlicher Hilfe potentiell gefährdeter Kinder und Jugendlicher vermeiden hilft und damit die Kostenexplosion sowohl im Bereich von Harz IV als auch der Fremdunterbringung sowie die Folgekosten krimineller Handlungen einschränkt.

Familienorientierte Schülerhilfe hat genau wie die Sozialpädagogische Familienhilfe, deren »Ableger« sie ist, nicht die Funktionalität des Kindes in ferner Zukunft zum Ziel, sondern seine Individualität in den aktuell vorhandenen sozialen Bezügen. Es werden keine Ideale verabsolutiert (z. B. Erfolg nur, wenn eine dauerhafte Integration in das Arbeitsleben vollzogen werden konnte), sondern es geht um die Anerkennung des Kindes als vollwertigen Menschen und um ein – grenzenloses – Vertrauen in die in ihm angelegten Fähigkeiten und Kräfte.

Gerechtigkeit dem Kind gegenüber bedeutet in diesem Sinne nicht, es zu überfordern, sondern sich an seinen vorhandenen Möglichkeiten zu orientieren, die immer auch mitbestimmt sind durch die Möglichkeiten seines unmittelbaren sozialen Umfeldes.

»Verurteile niemand, bevor Du in seiner Lage warst.«

Talmud

Die Orientierung an den gegenwärtigen Möglichkeiten des Kindes und seines Umfeldes verbietet ein beleidigtes oder resigniertes Zurückziehen des Lehrers oder Sozialarbeiters, wenn das Kind den Ansprüchen »an Funktionieren« nicht entspricht.

»Das Recht des Kindes auf Achtung« (Janusz Korczak 1970) und die Respektierung seiner Individualität erfordern die Berücksichtigung der konkreten Umwelt des Kindes, seiner Entwicklungsgeschichte und seiner aktuellen Entwicklungsphase.

Der Glaube an das Kind ist die Grundlage für ein Vertrauensverhältnis, das Voraussetzung ist für die »Entfaltung der schöpferischen Kräfte des Kindes« (Martin Buber). So entsteht der Raum für Autonomie des Kindes und für die natürliche Autorität des Lehrers/Sozialarbeiters, der in vertrauensvoller Liebe und Gelassenheit – nicht Lässigkeit – als »Verbündeter« das Kind auf seinem Weg begleitet.

Als »Verbündeter« ist der Lehrer/Sozialarbeiter Partner des Kindes und seiner Familie, der die *anderen* Möglichkeiten und Grenzen erkennt und anerkennt, und nicht aus persönlichem (beruflichem) Ehrgeiz die Familie und/oder das Kind zu einem nicht einlösbaren Erfolg »verurteilt«. Ein solcher Erfolg kann – wenn er überhaupt eintritt – nur kurzfristig sein und mündet unweigerlich in ein Misserfolgserlebnis. Solche Misserfolgserlebnisse durch überzogene Ansprüche sind häufig der Grund für einen lebenslangen Mangel an Selbstwertgefühl.

Das Kind ist »der beste Experte in Sachen Kind« (Janusz Korczak) und braucht weder »unterworfen, beherrscht oder überwacht« zu werden.

Der Sozialarbeiter in der Familienorientierten Schülerhilfe soll dem Kind helfen, auf die Erfahrungen, die es in seiner Familie, in der Schule und in seinem sozialen Umfeld macht, mit seinen vorhandenen Fähigkeiten zu antworten. Dann wird er erfahren, dass auch Kinder in der Lage sind, ihre Entwicklung aktiv mit zu gestalten, denn auch sie sind »nicht nur passive Empfänger ihres Schicksals, sondern aktive Gestalter« (Viktor Frankl).

Lehrer/Sozialarbeiter sind in solchen Begegnungen gleichzeitig Erfahrende und Lernende, Nehmende und Gebende! Die große Gefahr, dass die – pädagogische – Beziehung statt von der Liebe zum einzelnen Kind vom Erfolgszwang und einer inadäquaten Werteorientierung bestimmt wird, ist damit weitgehend gebannt. Folgt nämlich das Kind der Werteorientierung des Lehrers/Sozialarbeiters, so kann es sein, dass es sich damit aus der Gemeinschaft *seiner* Familie, *seines* sozialen Umfeldes, *seiner* Altersgenossen entfernt, deren Bestätigung für die Entwicklung seines Selbstvertrauens ebenso wichtig ist wie die Bestätigung durch den nur temporär anwesenden Lehrer/Sozialarbeiter.

Ein großes Problem in der Familienorientierten Schülerhilfe ist der Umgang vieler Kinder mit der Freiheit. Sie haben nie erfahren, dass die Freiheit ihre Grenzen hat, die sich manifestiert an den Rechten anderer Menschen und an bestimmten Regeln, die Voraussetzung sind für das Zusammenleben in einer Gemeinschaft.

Die »kleinen streunenden Wilden«, die durch nichts in ihrem Freiheitsdrang zu beeindrucken sind, haben oft ein hohes kreatives Potential, das später – wenn es nicht »legal« genutzt wird – häufig in kriminelles Potential übergeht. Ihnen sollte besondere Beachtung geschenkt werden durch Angebote, die ihre motorische Unruhe, ihre – aggressiven – emotionalen Ausbrüche und ihr häufig hohes handwerkliches Potential koordinieren. Hier sind aufgabenorientierte und arbeitsmotivierende Angebote erforderlich.

Im Rahmen der Familienorientierten Schülerhilfe gehen Angebote der sozialen Gruppenarbeit (§ 29 SGB VIII) und der Sozialpädagogischen Familienhilfe (§ 31 SGB VIII) Hand in Hand.

Soziales Lernen in der Gruppe ist ebenso notwendig wie intensive Arbeit mit den Eltern, um sie zu motivieren, die Fähigkeiten ihrer Kinder zu erkennen und die Fortschritte mit Interesse zu begleiten und zu fördern.

Ziel ist die Integration von Kindern und Eltern in Angebote des Gemeinwesens (Vereine, kirchliche Angebote etc.), um Ausgrenzung zu verhindern oder aufzuheben und außerschulische Ressourcen zu erschließen.

Familienorientierte Schülerhilfe ist ein familienunterstützendes Förderungsangebot, das in der Schule angesiedelt ist.

Die nunmehr 25-jährige Erfahrung zeigt, dass *Familienorientierte Schülerhilfe* einen überzeugenden Beitrag dazu liefern kann, Fremdunterbringung zu vermeiden und Rückführung nach Fremdunterbringung zu begleiten. Soziales Lernen in der Gruppe bei gleichzeitiger Motivation der Eltern, den Fortschritten ihrer Kinder Beachtung zu schenken oder sie aktiv zu fördern, hat in vielen Fällen entscheidend dazu beigetragen, einen Verbleib der Kinder im Elternhaus, in der Schule und in ihrer Klasse zu ermöglichen.

Elemente der Familienorientierten Schülerhilfe

1. Soziale Gruppenarbeit: zum sozialen, schulischen und lebenspraktischen Lernen
2. Einzelbetreuung
3. Elterngespräche/Hausbesuche
4. Lehrergespräche, Teilnahme an Aktivitäten der Schule sowie am Unterricht
5. Kontakte zu ortsansässigen Vereinen (Vereine, kirchliche Jugendgruppen etc.)
6. Kontakte zu Behörden und Ämtern (Jugendamt, Agentur für Arbeit, Gesundheitsamt etc.)
7. Kontakte zu potentiellen Arbeitgebern (Betriebe etc.)

Der »Alltag« in der Familienorientierten Schülerhilfe

Am Vormittag gibt es

- feste Zeiten für Schüler, die nicht in den Nachmittagsgruppen sind, für einen Zeitraum zwischen einigen Wochen und einem Schuljahr bei kurzfristigen und vorübergehenden Krisen. Die Begleitung bzw. Förderung umfasst in der Regel 1–2 Schulstunden.

Außerdem finden statt:

- Beratungseinheiten mit Eltern und Lehrern, Vertretern des Jugendamtes etc.;
- Krisenintervention und Unterrichtsbesuche zur Beobachtung von Gruppenprozessen;
- Koordinationstermine und Gespräche mit Vertretern anderer Institutionen, mit Lehrern und Eltern;
- Erledigung von Elternaufgaben, wenn die Eltern vorübergehend oder überhaupt nicht dazu in der Lage sind (z. B. Begleitungen bei Bewerbungen, zur Agentur für Arbeit, Besuche in Berufsfortbildungswerken etc.);
- Landschulheim-Aufenthalt (Planung und Teilnahme);
- Intensive Einzelbetreuung (in der Regel nach Krisenintervention).

Der Nachmittag:

- ist in der Regel für die festen Gruppen reserviert, wobei der Übergang vom Vormittag zum Nachmittag durch das Anbieten eines Mittagstisches fließend ist. Dieser Mittagstisch ist für viele Kinder ein verlässlicher Punkt (und häufig die erste Mahlzeit) des Tages – ihm kommt zentrale Bedeutung zu.
- Es besteht die Möglichkeit zur Hausaufgabenerledigung und es werden Freizeitaktivitäten im kreativen, sportlichen und spielerischen Bereich angeboten. Zentrale Punke sind lebenspraktische Elemente, gruppendynamische Elemente und das Erfahren und Erleben des sozialen Umfeldes, die Stärkung der Frustrationstoleranz durch Grenzerfahrung (Erlebnispädagogische Aktionen) sowie das Erlernen einer realistischen Selbsteinschätzung.

Am späten Nachmittag:

- finden die Arbeiten mit älteren Jugendlichen – in der Regel »Nachschüler« (Ehemalige, die sich in einem Lehrverhältnis befinden) – und der Hauptteil der Elternarbeit (Hausbesuche, Elternabende) statt.

Ergebnisse der Familienorientierten Schülerhilfe

- Eine positive Einstellung der Eltern zu Schulen und Ämtern.
- Vertrauensvolles Miteinander von Lehrern und Eltern.
- Zunehmendes Interesse der Eltern an der schulischen Entwicklung ihrer Kinder.
- Überwindung der elterlichen Schwellenangst, bei Problemen Rat zu holen.
- Vermeidung von Fremdunterbringung.
- Integration von Schülern – und Eltern – in Angebote des Gemeinwesens (Vereine, kirchliche Gruppen etc.)
- Steigerung der Vermittlungsquote in Lehr- und Arbeitsstellen.

Zusammenfassung

Ziel der Familienorientierten Schülerhilfe:	Alltagsbewältigung und Integration
Mittel und Methoden:	Einzel- und Gruppenarbeit mit Schülern und Eltern zum • sozialen Lernen • schulischen Lernen • lebenspraktischen Lernen • arbeitsmotivierenden Lernen
Ständige Kooperationspartner:	Elternhaus, Schule, Jugendamt
Integrationspartner nach Bedarf:	Einrichtungen • der beruflichen Bildung (einschließlich der Agentur für Arbeit) • der Freizeitgestaltung (Vereine, Angebote der freien und öffentlichen Jugendarbeit etc.) • der beruflichen Integration • Betriebe • freie und öffentliche Träger

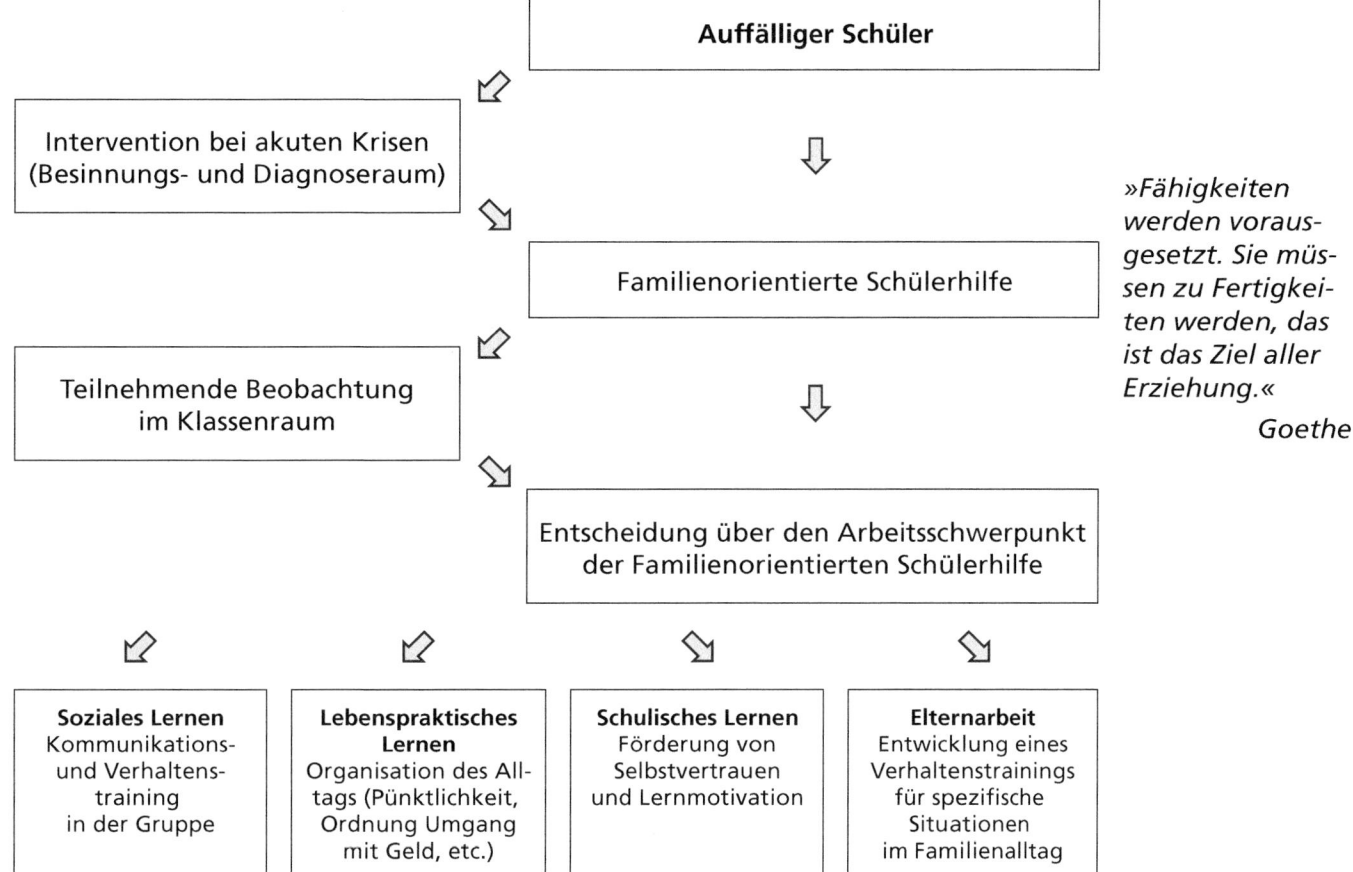

Aufgaben und Planungsschritte

Ziele: Alltagsbewältigung und Integration

Aufgaben

- Einzelarbeit mit Schülern in akuten Krisen.
- Vorbereitung einzelner Schüler auf die soziale Gruppenarbeit (Kennenlernen der spezifischen Problemsituationen).
- Gespräche mit Lehrern, die auffällige Verhaltensweisen von Kindern nicht einschätzen können, weil die häusliche Situation für sie nicht durchsichtig ist.
- Vermittlung zwischen Jugendamt, Schule, Elternhaus und anderen Institutionen.
- Hilfen beim Übergang von der Schule ins Berufsleben.

Erwartungen

Ideensammlung

- Was erwarten die Lehrer von der Schülerhilfe?
- Was erwartet die Schülerhilfe von der Schule?
- Wie kann die Kooperation bei der Umsetzung der einzelnen Erwartungen ablaufen?

Ressourcen

Welche schon vorhandenen Hilfen und Ressourcen können aktiviert werden

- aus dem Bereich der Jugendhilfe?
- aus dem Bereich des Gemeinwesens (Vereine und andere Gruppierungen)?
- aus dem Bereich der Angebote anderer freier Träger?
- aus dem Bereich der Ehrenamtlichen (für lern- und arbeitsmotivierende Hilfen)?
- aus der Kooperation mit anderen Institutionen (insbesondere auch beim Übergang von der Schule in das Berufsleben z. B. Agentur für Arbeit, Betriebe etc.)?

Entwicklung eines Fragebogens oder Interviewleitfadens

durch den der Bedarf bei Lehrern, Jugendlichen und Eltern festgestellt wird:

- Wie sieht die Situation vor Ort aus (Schüler, Eltern, Struktur der Schule etc.)?
- Wie sieht die Jugendhilfe den Bedarf an der Schule?
- Wie sieht die Schule den Bedarf aus ihrer Sicht?
- Welche Möglichkeiten der Mitgestaltung sieht die Schülerhilfe?
- Welche Ziele für die Bedarfsdeckung ergeben sich daraus?
- In welcher Reihenfolge sind die Schritte zur Zielerreichung anzugehen (Prioritätenliste)?
- Wer ist an den einzelnen Schritten zur Zielerreichung beteiligt?
- Bis wann sollen die sich aus den Teilzielen ergebenden Aufträge erledigt sein (gemeinsame Erarbeitung von Handlungssequenzen: wer, was, bis wann)?

Erstellen von Regionalen Ressourcenplänen

(siehe »Integration statt Isolation«)

Ein Gesprächskreis zwischen Schulen, Schülerhilfe und Jugendhilfe

bespricht die gemachten Erfahrungen und ergänzt die Planung.

Procedere Familienorientierte Schülerhilfe

1. Die Schule bespricht mit dem ASD und der Familienorientierten Schülerhilfe die Situation eines Kindes, das ergänzende Hilfen braucht, um den Schulalltag zu bewältigen.
2. Die Schule und der ASD besprechen mit den Eltern die Möglichkeit der sozialen Gruppenarbeit.
3. Die Eltern beantragen die soziale Gruppenarbeit beim Jugendamt.
4. Es wird ein Bericht für das Jugendamt erstellt (s. Berichtsraster).
5. Es findet ein gemeinsames Gespräch statt, an dem der ASD, die Familienorientierte Schülerhilfe und – in der Regel – die Eltern teilnehmen (»vereinfachtes Hilfeplangespräch«), danach läuft die Beziehungsaufbauphase an.
Der Mitarbeiter des ASD dokumentiert das Gespräch.
6. Es folgen Gespräche im halbjährlichen Rhythmus über die im Hinblick auf die Zielerreichung erfolgten Fortschritte und den weiteren zeitlichen Rahmen. Hierbei kann der Aktionsplan als Gesprächsgrundlage dienen.
Der Mitarbeiter des ASD dokumentiert das Ergebnis.
7. In der Regel wird die soziale Gruppenarbeit/Familienorientierte Schülerhilfe jeweils für 12 Monate bewilligt.
8. Bei Beendigung wird ein Abschlussbericht erstellt.

Familienorientierte Schülerhilfe
von der Alltagsbewältigung zur Integration

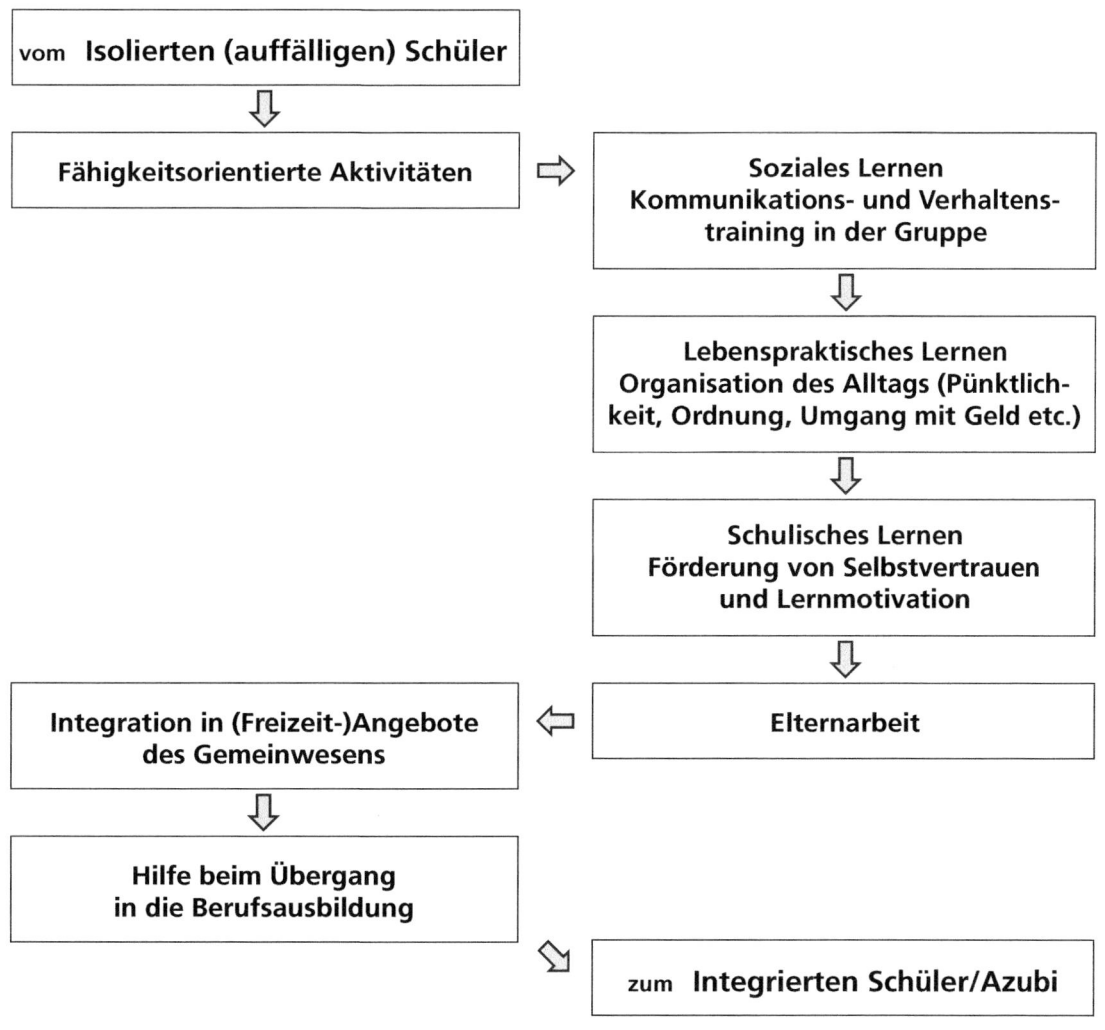

Aufbau und Ablauf der Familienorientierten Schülerhilfe

1. Stadium des Beziehungsaufbaues

»Viel Kälte ist unter den Menschen, weil wir es nicht wagen, uns so herzlich zu geben, wie wir sind.«

Albert Schweitzer

1.1 Erwerb von Vertrauen
1.2 Entdecken der Ressourcen und Fähigkeiten des Kindes
1.3 Wahrnehmen der Grundbedürfnisse des Kindes
1.4 Weckung des Elterninteresses
1.5 »Kooperationsvereinbarung« Eltern/Kind/ASD/Lehrer/AGFJ

2. Stadium der Planung und Erprobung von Veränderung

2.1 Alltagsbewältigung
   Befähigung
   – zur altersgemäßen, zunehmend selbständigen Übernahme von Verantwortung im schulischen, sozialen und lebenspraktischen Bereich.
2.2 Integration
   Befähigung zum Wahrnehmen und zur Pflege von Kontakten
   – im formellen Bereich: Schule, Praktika etc.
   – im informellen Bereich: Familie, Freunde, Gruppen, Vereine etc.

3. Stadium der Ablösung

3.1 Planung des zukünftigen schulischen und sozialen Alltags: Erstellen eines Selbsthilfeplans mit Eltern und Lehrern.
3.2 Ansprechpartner für bestimmte Fragestellungen definieren.
3.3 Definition und Beschreibung von Art und Umfang eventueller Anschlusshilfen.
3.4 Abschied nehmen.

Familienorientierte Schülerhilfe
– Übernahmebericht –

Name und Anschrift der Schule: Name des Klassenlehrers:

....

....

Name und Anschrift des Sozialarbeiters: Name und Anschrift des Familien- u.
                                                  Erziehungshelfers:

....

....

Name, Anschrift, Geburtsdatum des Kindes: Name – und falls abweichend – Anschrift
                                                  der Eltern:

....

....

1. Familiäre Konstellation und Lebenssituation,
   – Wohnsituation, soziales Umfeld
   – Arbeits- und Ausbildungssituation
2. Familienbeziehung
   – Eltern-Kind-Beziehung
   – Geschwisterbeziehung
   – Verwandtenbeziehung
3. Schulbeziehung
   – Beziehung zu Mitschülern
   – Beziehung zu Lehrern
4. Beziehungen im sozialen Umfeld
   – Beziehung zu Nachbarn
   – Beziehung zu Gleichaltrigen
   – Beziehung zu Vereinen, kirchl. Gruppen etc.
5. Fähigkeits- und Verhaltenspotential des Kindes
   – Fähigkeiten
   – Interessen
6. Welche Angebote sind sinnvoll und notwendig?
   – Angebote zum sozialen Lernen
   – Angebote zum schulischen Lernen etc.
   – Angebote zum lebenspraktischen Lernen
7. Zieldefinition?
8. Ist Familienorientierte Schülerhilfe erforderlich und ausreichend oder ist eine andere Hilfe
   angezeigt (z. B. SPFH)?

....
Unterschrift der Eltern   Unterschrift der Schule   Unterschrift des Familien-
                                                                           u. Erziehungshelfers

Die Stellung des Kindes/Jugendlichen im

| System der Familie | System der Schule | System des sozialen Umfeldes (Milieu) | System der Helfer | System der Gleichaltrigen (Peergroup) |

Kontext- und Ressourcen-Orientierung bei der Zielplanung

Aktionsplan der Familienorientierten Schülerhilfe

Ziel: (Beispiele)
- Verbleib in der Schule
- Akzeptanz in der Klasse
- Integration in einen Verein, eine Gruppe
- Erledigung einer bestimmten Aufgabe

wer: Eltern | Lehrer | Schüler | Familienorientierte Schülerhilfe

was:

(bis) wann:

Globalziel

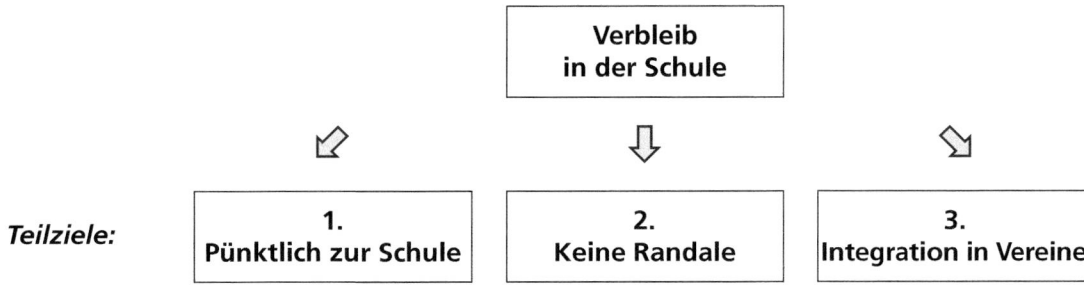

1. Teilziel

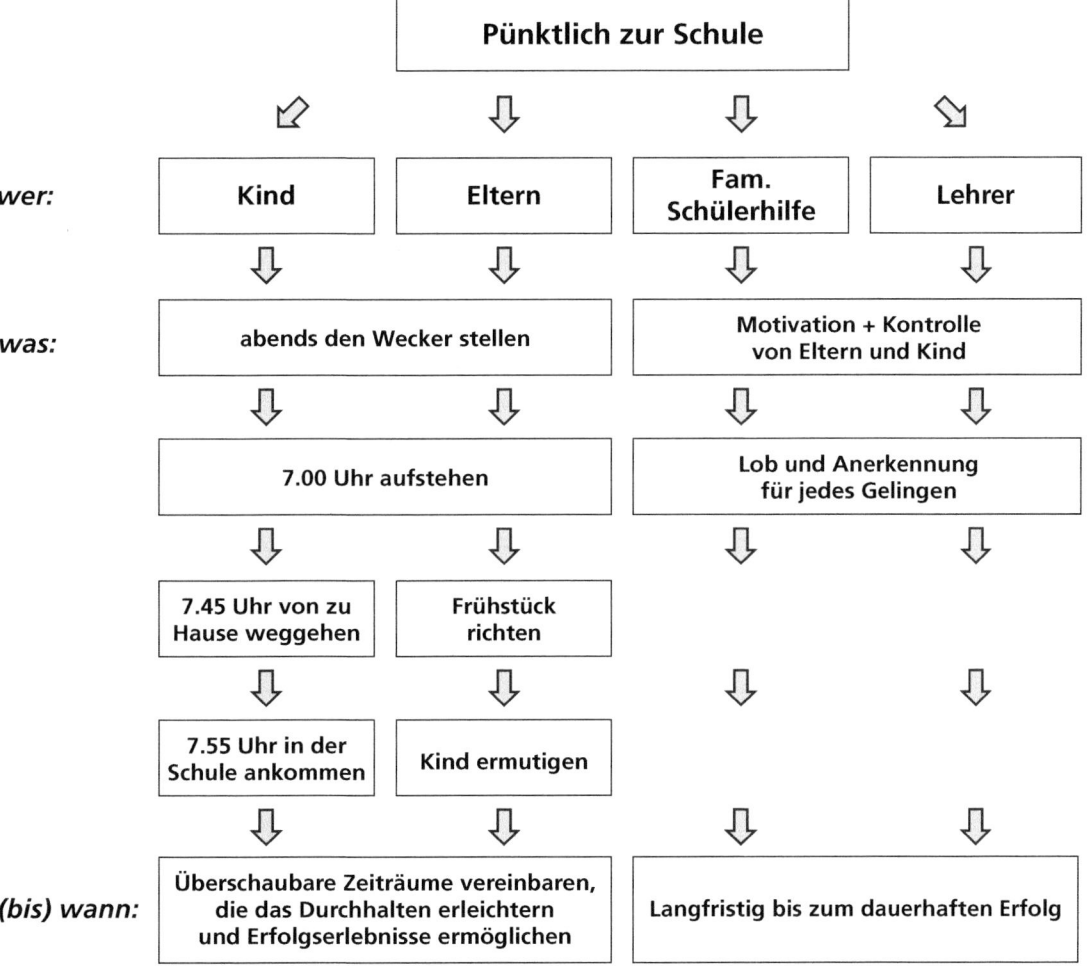

2. Teilziel

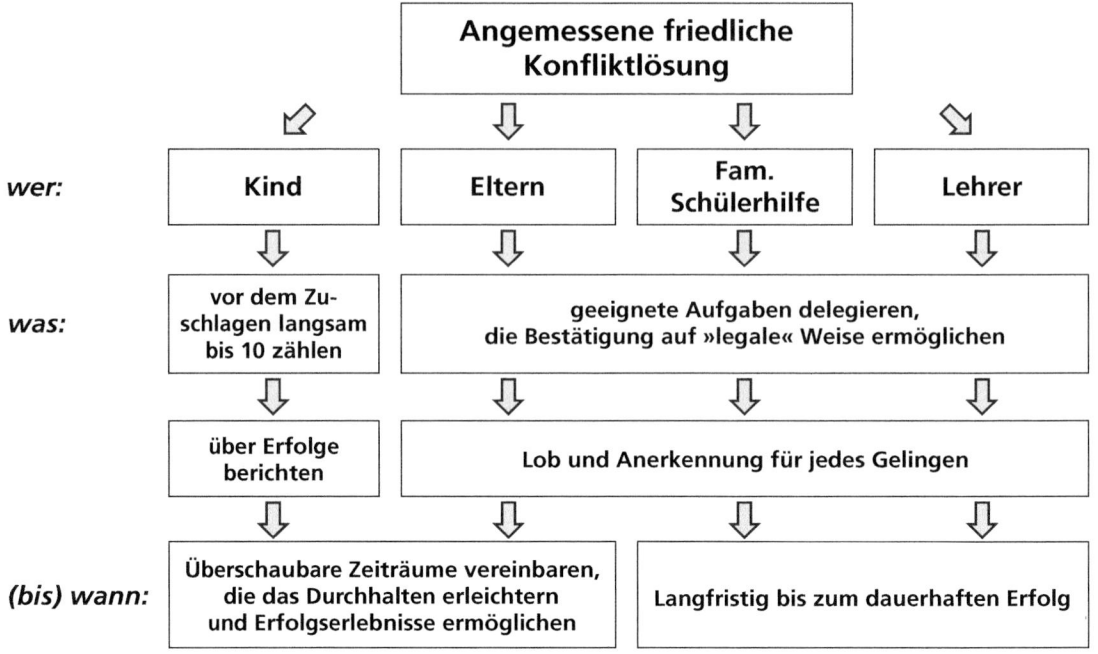

3. Teilziel

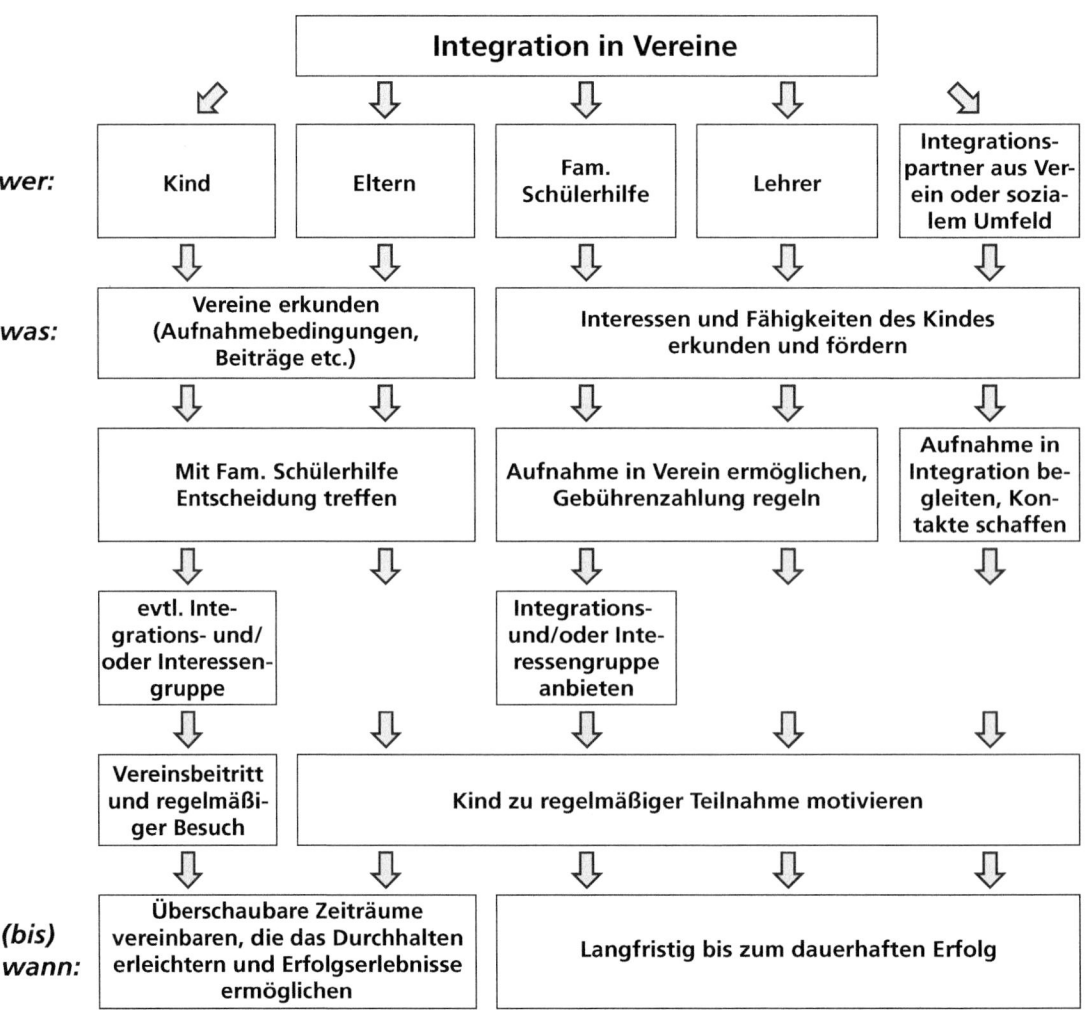

Abschlussbericht

für den Zeitraum von – bis: ....

betrifft Familie/Kind: ....

Name und Anschrift: ....

....

....

Familien- u. Erziehungshelfer/in: ....

Sozialarbeiter/in: ....

Datum: ....

Unterschrift der Familie: ....

Unterschrift Familien-
u. Erziehungshelfer/in ....

1. Welche Gründe gibt es für die Beendigung der Sozialpädagogischen Familienhilfe?

   ....
   ....
   ....

2. Wie war die Bereitschaft der Familienmitglieder zur Mitarbeit und zur Veränderung während der Begleitung durch die SPFH/Fam. Schülerhilfe?

   ....
   ....
   ....

3. Welche Bereitschaft zeigte die Familie und welche Fähigkeiten entwickelte sie, an den Zielen des Selbsthilfeplans mitzuarbeiten?

   ....
   ....

4. Welche Fortschritte machte die Familie bei der Alltagsbewältigung?

   ....
   ....
   ....

5. Erfolgte eine Integration in Angebote des sozialen Umfeldes (Vereine, kirchl. Gruppen etc.),
   – Wenn ja, für welche Familienmitglieder?
   – Wenn nein, weshalb nicht?

   ....
   ....

6. Wie ist die Qualität der Beziehungen in den für die Familie wichtigen Institutionen wie Schule, Arbeitsstätte, Ämtern etc.?

   ....
   ....

7. Welche positiven Einflüsse und Potentiale wurden aktiviert oder können noch aktiviert werden zur Förderung von Familie und Kindern?

   ....
   ....

8. Reichen die aktivierbaren oder aktivierten Einflüsse und Potentiale aus, um den Kindern das Hineinwachsen in ein selbständiges Leben zu ermöglichen?

   ....
   ....

9. Welche familienunterstützenden, familienergänzenden oder eventuell familienersetzenden Maßnahmen sind für die Zukunft sinnvoll und angezeigt?

   ....
   ....

Marga Rothe

Integration statt Isolation

*»Wer ein Warum zum Leben hat,
erträgt fast jedes Wie.«
Friedrich Nietzsche*

*»Die gute Tat, die ungepriesen stirbt,
verhindert tausend andere,
die sie erzeugen könnte.«
William Shakespeare*

Integration nach dem umfeldorientierten Modell im Rahmen der Sozialpädagogischen Familien- und Erziehungshilfe

Inhalt:

1. Gründe für das umfeldorientierte Modell
2. Stufenweise Verselbständigung von Familien durch Gruppenangebote im Rahmen der SPFH
3. Anwendung des umfeldorientierten Modells
4. Beispiel für das umfeldorientierte Modell
5. Handhabung des umfeldorientierten Modells
6. Reflexion der Veränderungen nach einem angemessenen Zeitraum.

1. Gründe für das umfeldorientierte Modell

Dieses Modell dient der Integration von Familien, Kindern und Jugendlichen in das soziale Umfeld – der dauerhaften Einbindung in Angebote des Gemeinwesens.

Es setzt die Entdeckung und Aktivierung der vorhandenen Fähigkeiten und Interessen voraus und erfordert im Einzelfall eine gezielte Vorbereitung und zeitweise Begleitung von Fachkräften, z. B. aus der Sozialpädagogischen Familienhilfe, um Gruppenfähigkeit herzustellen oder Schwellenängste zu überwinden.

Eine gute kontinuierliche Kooperation dieser Fachkräfte mit den gesellschaftlichen Institutionen macht eine dauerhafte Integration möglich. Eventuell auftretende Schwierigkeiten können gelöst werden, bevor eine Situation eintritt, die auf Seiten der Institution und auf Seiten der Familie Ärger und Ablehnung hinterlässt und damit den Teufelskreis der Isolation und Ausgrenzung mit allen bekannten Folgen erneut einleitet.

Zur Vorbereitung auf die Integration in Gruppierungen des Gemeinwesens sollte Sozialpädagogische Familienhilfe Angebote machen, die Eltern, Kindern und Jugendlichen die Möglichkeit zu sozialem Lernen in der Gruppe geben sowie zur Entdeckung gemeinsamer Interessen und Fähigkeiten. Auf der Grundlage der im »geschützten Raum« gemachten Erfahrungen kann das Zutrauen in die eigenen kommunikativen und kreativen Fähigkeiten soweit wachsen, dass ein selbständiger Umgang mit gesellschaftlichen Institutionen möglich wird.

2. Stufenweise Verselbständigung von Familien durch Gruppenangebote im Rahmen der SPFH

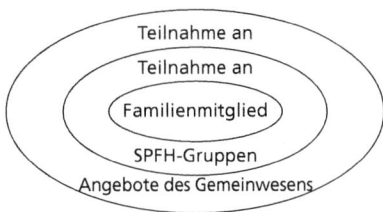
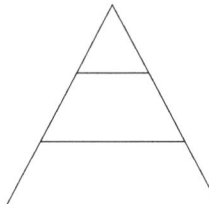

Familie
Erwerb von Gruppenfähigkeiten
Entdecken von Interessen und Fähigkeiten
Entwickeln von Fertigkeiten

Schrittweise Integration der Familienmitglieder in Gruppierungen des Gemeinwesens unter Berücksichtigung der Interessen und Fähigkeiten (mit zeitweiser Begleitung durch eine Vertrauensperson z. B. der/des FamilienhelferIn)

3. Anwendung des umfeldorientierten Modells

Nach Möglichkeit sollte für alle Personen des unmittelbaren Umfeldes, mit denen das Kind im gleichen Haushalt lebt, ein Integrationsmodell erstellt werden, um durch einen Vergleich der auf die einzelnen Familienmitglieder bezogenen Modelle feststellen zu können, zu welchen Personen oder Institutionen des erweiterten Umfeldes die einzelnen Mitglieder der zusammenlebenden Familie Kontakt haben. Zusätzlich sollte festgehalten werden, welche Qualität diese Kontakte haben, ob es sich handelt um

– überwiegend positive Kontakte,
– ambivalente Kontakte mit starken Schwankungen zwischen Akzeptanz und Ablehnung,
– überwiegend negative Kontakte.

Weiterhin ist festzustellen, zu welchen gesellschaftlichen Einflussfaktoren Kontakt hergestellt werden soll, einmal, weil die Betroffenen es wünschen, und zum anderen, weil es für die Integration der Familienmitglieder ins Gemeinwesen von Bedeutung ist.

Außerdem wird durch einen Vergleich der personenbezogenen Modelle deutlich, ob es sich bei den in einem Haushalt lebenden Personen um ein geschlossenes, ein offenes oder ein aufgelöstes Familiensystem handelt.

Übereinstimmende Interessen der Familienmitglieder und eine relative Übereinstimmung in der Qualität der Kontakte zu den gesellschaftlichen Institutionen sind eine gute Voraussetzung für die positive Entwicklung der Kinder. Ohne die Kenntnis der Interessen, Kontakte und Beziehungen aller in der Familie zusammenlebenden Personen ist die Einbindung der Kinder in Angebote des Gemeinwesens in der Regel nicht von Dauer, da das Kind von den übrigen Familienmitgliedern nicht genügend Unterstützung erfährt.

Viele Familien finden ohne Anregung von außen keinen Zugang zu gesellschaftlichen Institutionen. Hier können Gemeinde, Stadtteil, aber auch die Schule entscheidend helfen durch die Vermittlung der Angebote und eventuell durch die Einrichtung von Info-Büros, in denen die Angebote des Gemeinwesens (Freizeitmöglichkeiten, Vereine und andere Gruppierungen) durch entsprechende Schaubilder anschaulich dargestellt und gegebenenfalls von Experten erläutert werden. Diese Experten können neben Lehrern und Vertretern freier Träger vor allem auch ehrenamtlich tätige, im Gemeinwesen kundige Personen sein. Sie sollten auch die Vermittlung bei auftretenden Integrationsschwierigkeiten übernehmen.

Vielerorts hat die Jugendhilfeplanung mit der Zusammenstellung der im Gemeinwesen vorhandenen Angebote wertvolle Vorarbeit für die Erstellung der individuellen Integrationsmodelle geleistet.

Wenn das Verhalten in die »Konsenskultur« der jeweiligen Gesellschaft, Familie oder Gruppe passt, ist Integration möglich.

Gegenüberstellung der Familiensysteme

	Gefahren	Kompensationsmöglichkeiten/ Ziele für den Selbsthilfeplan
Geschlossenes Familiensystem	Mangel an Differenzierung	Erweiterung der rigiden Systemregeln und Verhaltensmuster
	Isolation der Familie, >Sog</ symbiotische Beziehungen	Öffnung des Systems durch Orientierungs- und Identifikationsangebote außerhalb der Familie
	Gefühl der Bedrohung von außen	Konkrete Aufgaben zum Abbau von Ängsten
Offenes Familiensystem	Mangel an Integration	Förderung des Familienzusammenhalts
	Mangel an Orientierung	Konkrete Orientierungsangebote
	Mangel an Identifikation	Konkrete Identifikationsmöglichkeiten mit einer Person innerhalb der Familie oder des unmittelbaren sozialen Umfeldes
Aufgelöstes Familiensystem	Im aufgelösten System haben sich die Gefahren des offenen Systems schon so weit verfestigt, dass die Kompensationsmöglichkeiten für die besonders bei Kindern und Jugendlichen feststellbare allgemeine Orientierungs- und Heimatlosigkeit außerordentlich gering sind.	

4. Beispiel für das umfeldorientierte Modell

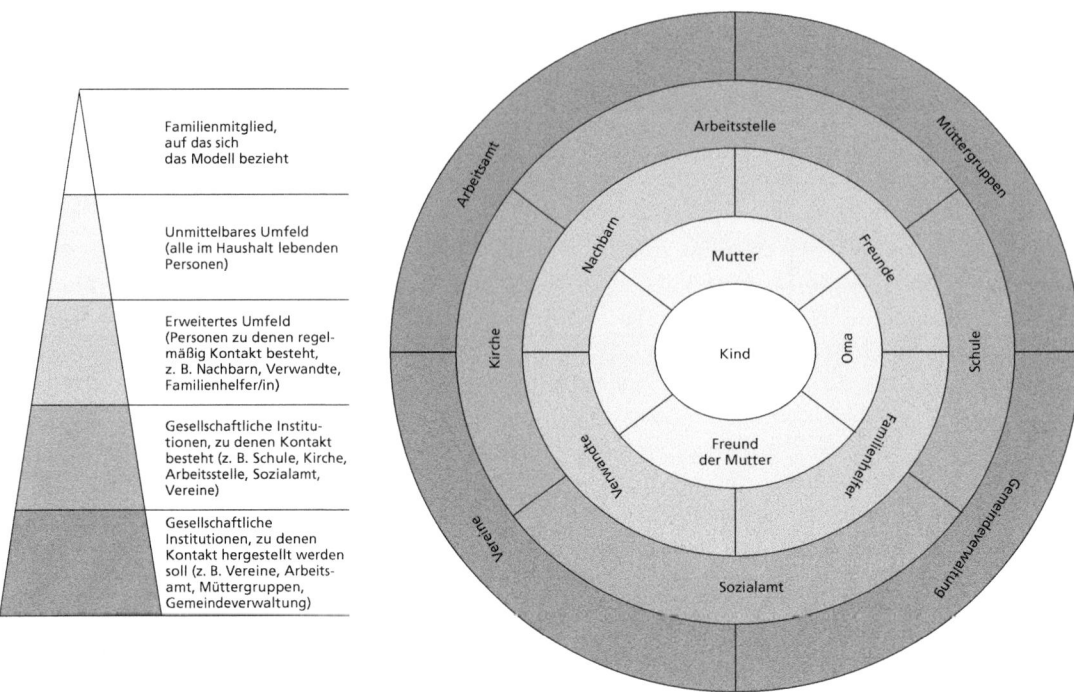

5. Handhabung des umfeldorientierten Modells

Nach Möglichkeit ist für jede Person des unmittelbaren Umfeldes ein Raster auszufüllen. So wird sichtbar, welche Interessen und Aktivitäten die Familie – trotz allem – zusammenhalten, ob übereinstimmende Wünsche für neue Aktivitäten vorhanden sind oder geweckt werden können.

Außerdem wird deutlich, wer aus dem unmittelbaren Umfeld die notwendigen Kontakte zu Schule, Jugendamt etc. unterhält und welche Qualität diese Beziehungen haben.

Zu 1.: Name der Person, auf das sich das Modell bezieht.
Zu 2.: Namen der Personen des unmittelbaren Umfeldes.
Zu 3.: Namen der Personen des erweiterten Umfeldes.
Zu 4.: Gesellschaftliche Institutionen, zu denen regelmäßiger Kontakt besteht.
– Welche Qualität haben diese Kontakte?
Zu 5.: Gesellschaftliche Institutionen, zu denen Kontakt hergestellt werden soll.
– Welche Kontakte sollten zur Aktivierung der vorhandenen Fähigkeitspotentiale bzw. der vorhandenen Ressourcen des einzelnen Kindes/des Vaters/der Mutter hergestellt werden, für welche ist Interesse vorhanden oder kann Interesse geweckt werden.

Zusatzfrage:
Fehlen Angebote im Gemeinwesen, die für die Öffnung der Familie und ihre Integration notwendig wären? Wenn ja, welche?

6. Reflexion der Veränderungen nach einem angemessenen Zeitraum

Zu 1.: Zeigen sich Veränderungen an der Situation des Familienmitglieds, auf das sich das Modell bezieht? Wenn ja, welche?
Zu 2.: Hat sich im Zusammenleben der Familie etwas verändert?
Konnten Ressourcen aktiviert oder neu erschlossen werden?
Wenn ja, welche?
Zu 3.: Konnten Personen des erweiterten Umfeldes zur Aktivierung bzw. als »Verbündete« gewonnen werden? Wenn ja, wer und wofür?

Zu 4.: Gab es Veränderungen in der Beziehung zu gesellschaftlichen Institutionen?
Wurden Kontakte z. B. zu Schule, Jugendamt verbessert und aktiviert? Wenn ja, welche?

Zu 5.: Wurden neue Kontakte zu gesellschaftlichen Institutionen aufgenommen?
Wenn ja, mit welchem Erfolg?

Zusatzfragen für SPFH-Familien:
Hat sich an der Qualität des Familienzusammenhaltes bzw. an der Art des Familiensystems (offen, geschlossen, aufgelöst) etwas verändert?
– Welche Interessen und Aktivitäten der einzelnen Familienmitglieder gibt es?
Welche verbinden sie, welche trennen sie?
– Versprechen Maßnahmen zur Herstellung von Gemeinsamkeiten Erfolg?
Wenn ja, welche sind vorgesehen?
– Ist SPFH weiterhin angezeigt?
Wenn ja, sind flankierende familienunterstützende oder ergänzende Hilfen sinnvoll?
Wenn nein, ist eine familienersetzende Hilfe angezeigt?

Integration statt Isolation

Wir leben in einem Sozialstaat, aber das Sozialstaatsprogramm enthält zu wenig Anregungen, wofür zu leben es sich lohnt.

Jeder Mensch braucht ein Ziel, das seinem Leben Sinn gibt – er braucht eine Aufgabe, bei deren Erfüllung er Anerkennung und Bestätigung erhält.

»Wir träumen Bilder von der Menschheit und geben indessen auf den Buben nicht acht, der Hans heißt, und der Bub wird nicht nütz, weil wir – umnebelt von den Träumen der Menschheit – den Hans vergessen.«
Johann Heinrich Pestalozzi

Wer keine Aufgabe hat, wird zur Aufgabe!

Das erleben wir heute bei vielen aus unterschiedlichen Gründen ausgegrenzten Kindern, Jugendlichen und Eltern.

Für Isolation und Bedeutungslosigkeit, die der Einzelne erfährt – auch wenn durch öffentliche Gelder sein Überleben gesichert ist –, fühlt sich der Sozialstaat nicht zuständig. Hier ist jeder einzelne von uns als Freund, Nachbar und Mitmensch gefragt.

Was können wir tun, um der Isolation und Ausgrenzung vieler Menschen entgegenzuwirken?

Die AGFJ Familienhilfe-Stiftung hat es sich zur Aufgabe gemacht, den Eltern zu helfen, gute Eltern zu sein. Alle Eltern wollen dies, aber nicht alle Eltern können es, weil sie in ihrer Kindheit und Jugend selbst nie erfahren haben, wie man dies macht.

Mit dem Projekt »*Integration statt Isolation*« helfen wir Eltern und Kindern teilzunehmen an den Angeboten des Gemeinwesens. Für die Durchführung gibt es verschiedene Möglichkeiten:

- Ein *Info-Kiosk – Regionaler Ressourcenplan* – informiert über Integrationsmöglichkeiten im Gemeinwesen: Verbände, Vereine und andere Gruppierungen.
- *Integrationsgruppen*, in denen soziales Lernen trainiert wird, befähigen Kinder und Eltern, sich in Gruppen angemessen zu verhalten.
- *Interessensgruppen* (Musik, Sport, Werken und Gestalten) geben die Möglichkeit, die eigenen Fähigkeiten herauszufinden, damit dann die Integration in Vereine und Verbände gelingen kann.
- *Integrationspaten* begleiten die Integration.

Die ersten Erfahrungen mit diesem Projekt zeigen, dass viele Probleme in den Familien, aggressive Handlungen in Freizeit und Schule, schulisches Versagen etc. abgebaut werden, wenn Interessen und Fähigkeiten in einer Gemeinschaft verwirklicht werden können.

Integration
vom Wahrnehmen zum Teilnehmen

Wahrnehmen
der individuellen Integrationsmöglichkeiten
der Familienmitglieder

Entdecken
ihrer Interessen und Fähigkeiten

Erproben
der Interessen und Fähigkeiten
(Interessengruppe)

Teilnahme ermöglichen
Training der Gruppenfähigkeit
(Gruppen zum sozialen Lernen)

Integration
in Angebote des Gemeinwesens
(Vereine, kirchliche Gruppen etc.)

Kollektive Bindungen sind für das Überleben wichtiger als individuelle Verwirklichung.

Integrative Sozialpädagogische Familien- und Erziehungshilfe – von der Isolation zur Integration

1. Die Familie im Netz ihrer sozialen Beziehungen
   - Je mehr formelle Kontakte, je weniger informelle Kontakte.
   - Je geringer der Austausch zwischen formellen und informellen Kontakten, je größer die Isolation.
2. Der Sozialpädagogische Familienhelfer als Brücke/Vermittler zwischen formellen und informellen Kontakten/zwischen Isolation und Integration.
   Wer kann als »Verbündeter«/als Integrationspartner gewonnen werden:
   - aus dem informellen Umfeld,
   - aus dem formellen Umfeld?

   Welche Integrationsangebote stehen zur Verfügung, welche sind im konkreten Fall geeignet?
   Wie sieht der Integrationsweg im Einzelfall aus:
   Integrationsgruppe, Interessensgruppe etc.?
   Was muss getan werden, um die Integration dauerhaft zu gestalten?
   - Integrationspate,
   - Kostenklärung,
   - Interesse der Eltern wecken.

Ziel der Sozialpädagogischen Familienhilfe: Isolation verringern – Integration vermehren

Je mehr die Familie mit sich und ihren Problemen beschäftigt ist, umso isolierter lebt sie, umso geringer sind ihre autonomen (freiwilligen, lustbetonten) Kontakte zum sozialen Umfeld.

Bestätigung und Anerkennung kommen nicht durch »Pflichtaufgaben«, sondern durch freiwillige Teilnahme an Aktivitäten, die an vorhandenen Interessen und Fähigkeiten anknüpfen.

Um die Chancen zur Definition von Fähigkeiten zu erhöhen, sind Kreativität und Einfallsreichtum notwendig.

Beispiele:
(vgl. Peseschkian)

- Die Lust, sich dem Medienkonsum »hinzugeben«, kann z. B. definiert werden als die Fähigkeit zuzuhören und zu beobachten. Hieraus kann auf die weitere Fähigkeit geschlossen werden, sich für Ereignisse, für andere Menschen zu interessieren.
  Dieses Interesse kann bei entsprechender »Lenkung« ebenso gestillt werden durch die Teilnahme an Aktivitäten im Gemeinwesen, im Freizeitbereich, im sozialen Bereich, bei Umweltinitiativen etc.
- Ein Vater, der ständig demonstriert, dass er der Boss der Familie ist, besitzt – selbst wenn er dabei Mittel verwendet, die für die übrigen Familienmitglieder nicht akzeptabel sind – die Fähigkeit, sich durchzusetzen.
  Diese Fähigkeit gilt es in andere Bahnen zu lenken, z. B. zur Übernahme einer Aufgabe, bei der diese Durchsetzungsfähigkeit gefragt ist.

Kreative Integrationsplanung mit Familien, Kindern und Jugendlichen

1. Grundregeln für Planungen

- Motivation statt Aktion.
- Nicht weg vom Problem der Isolation, sondern hin zum Ziel der Integration.
- Die Wünsche, Träume und Fähigkeiten der Familienmitglieder geben die Richtung der Planungen an und nicht die Wünsche, Träume und Fähigkeiten des Familienhelfers.
- Kleine Schritte planen, nicht alles auf einmal.
- Wenn Kritik nötig ist, weil z. B. etwas Verabredetes nicht erledigt wurde, zuerst für etwas Erledigtes Lob aussprechen.
- Der Familienhelfer als Koordinator der von den Familienmitgliedern übernommenen Aufträge (»vom Machen zum Lassen«)

2. Aufgaben für Planungsgruppen (Familienratssitzungen, Schülergruppen etc.)

2.1 Entdeckungsreise zu den Fähigkeiten und Möglichkeiten
- Der Baum meiner Stärken – der Baum deiner Stärken
- Der Baum meiner Treffer – der Baum deiner Treffer
- (Den Anderen bei einem »Treffer« erwischen)
- Schaubild mit den Teilnahmewünschen der Familien-/Gruppenmitglieder herstellen.
- Erkunden, wo es Vereine und Gruppen in dem jeweiligen Stadtteil oder in der Region gibt: wer, was, (bis) wann.
- Meine Fähigkeiten – deine Fähigkeiten sammeln: was du kannst, was ich kann, was wir können.
    - Die Fähigkeiten auf Kärtchen schreiben und darüber reden, was man mit diesen Fähigkeiten alles machen kann: den Alltag gestalten, einen Ausflug organisieren, ein Geburtstagsfest feiern etc.
    - Prioritäten setzen und »Aktionen« planen: wer, was, (bis) wann

Wer an sich glaubt ist stark!

- »Aufgaben« für die Alltagsbewältigung sammeln.
  - Was muss getan werden, damit der Alltag gut läuft (regelmäßig wiederkehrende Aufgaben)
  - Aufgaben auf Kärtchen schreiben und aushandeln, wer was bis wann erledigt.
- Einen Koffer packen mit schönen Erlebnissen etc. oder ein schönes Erinnerungskonto anlegen
  - was will ich wiederholen
  - mit wem
  - bis wann
- »Verbündete« finden
  - im Beruf
  - im Freundeskreis
  - in der Familie
  - in der Schule
- Anagramm-Übung
  - Nettigkeiten, die mir zu den Buchstaben deines Namens einfallen.

2.2 Entwicklung einer »Landkarte« des mit öffentlichen Verkehrsmitteln, zu Fuß oder per Fahrrad erreichbaren Wohnumfeldes der Familie (besonders wichtig in Landkreisen)

- Eintragen der im erreichbaren Umfeld angesiedelten Vereine, Gruppierungen etc. (großes Zeichenpapier).
- Herstellen von Kärtchen mit den Namen dieser Gruppen mit den Punkten:
  - Art des Angebotes
  - Kosten
  - Treffzeit und Treffpunkt
  - Ansprechpartner
  - andere Verpflichtungen und Hinweise

2.3 Würfelspiel

- Kärtchen mit Vereinen erwürfeln
- Unterhaltung
  - Wer möchte tauschen und weshalb?
  - Wer hat Interesse an einem Verein? Wenn ja, bei welchem? Wenn nein, warum nicht?
  - Wer möchte vorher in eine Integrationsgruppe?
  - Wer möchte vorher in eine Interessensgruppe?
  - Wer möchte es lieber mit einem Integrationspaten versuchen?
  - etc.

2.4 Erstellen von Handlungsschritten mit dem Integrationswunsch der Familienmitglieder (wer, was, bis wann)

Dabei Klärung offener Fragen.
- Wo bekomme ich das Geld her für Vereinsgebühren, Fahrkarte, Ausrüstung etc.?
- Habe ich die Zeit zur Teilnahme, zum Üben etc.?
- Hätte ich gerne einen Integrationspaten/in?
- etc.

Ressourcenorientierte Familien- und Erziehungshilfen

Ressourcen

↙	↙	↓	↓	↘	↘
der Familie	des Schülers	des Trägers	der Schule	des Gemeinwesens	u. ä.

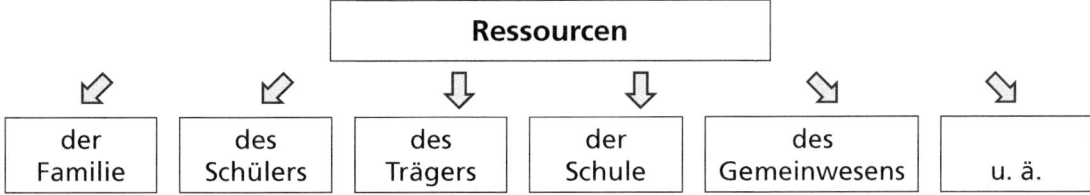

1. Ressourcen entdecken
2. Ressourcen aktivieren
3. Ressourcen einplanen

} ***mit*** den Beteiligten, nicht ***für*** die Beteiligten

Der Baum der Treffer

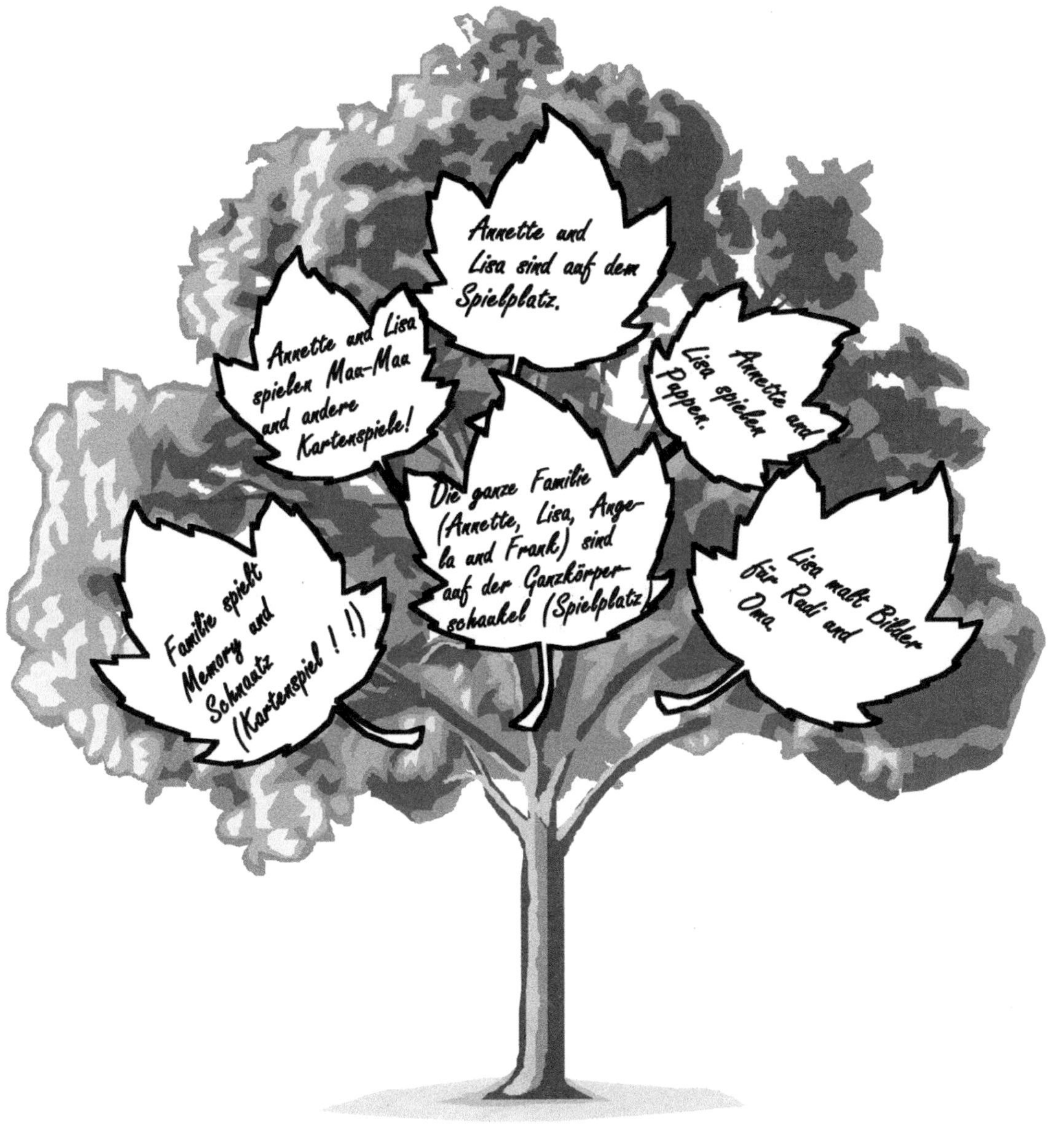

»Die eigentlichen Entdeckungsreisen bestehen nicht im Kennenlernen neuer Landstriche, sondern darin, den Anderen mit anderen Augen zu sehen.«

Marcel Proust

Fragebogen zur Erstellung eines regionalen Ressourcen-Planes

- **im Stadtteil**
- **in der Region**

Ziel:
Integration von Kindern, Jugendlichen und Eltern in Angebote des Gemeinwesens (Vereine, kirchliche Gruppen etc.)

1. Welche Integrationsangebote sind mir bekannt?
   - im Freizeitbereich
   - im Bildungsbereich (besondere Förderungsangebote: schulisch und außerschulisch)

2. Zu welchen Integrationsangeboten
   - habe ich Kontakt?
   - kann ich Kontakt herstellen?

3. Bei welchen Integrationsangeboten
   - kann ich Ansprechpartner sein?
   - einen Ansprechpartner benennen?

4. Ich bin bereit, ein Kind/einen Jugendlichen beim schulischen und/oder sozialen Lernen zu unterstützen.   ☐ ja   ☐ nein

5. Ich habe Interesse an einer Anleitung bei der Begleitung/Unterstützung.   ☐ ja   ☐ nein

Meine/unsere Anschrift und Telefon-Nummer:

....

....

Bitte füllen Sie den Fragebogen aus und schicken sie ihn an:

....

....

Voraussetzungen für Integration und für das Erstellen regionaler Ressourcenpläne

Kenntnis der Ressourcen vor Ort: im Stadtteil, in der Gemeinde, in der Region

- Kenntnis der Angebote anderer Träger (Kirchen, Vereine, Gemeinden, VHS, »Einzelanbieter« wie z. B. Jugendkunstschule, Musikschule, Ernährungskurse etc.)
- Kenntnis der Gruppierungen ehrenamtlicher Helfer/innen z. B. für Nachhilfe, für Einzelbegleitung in bestimmten Situationen, für Spenden etc.
- Kenntnis der Ressourcen für Integrationsgruppen (Müttergruppen, Johanniter-Gruppe, Malgruppe, Schauspielgruppe etc.)
- Kenntnis der Informationsmöglichkeiten (Gemeindeblätter, Wochenkurier etc.)

Zur Überprüfung des Integrationsstandes einer Familie ist ein Integrationsfragebogen wichtig.

»Wunder sind das Alltäglichste der Welt, man muss sie nur sehen.«

Flavia

Regionaler Ressourcenplan

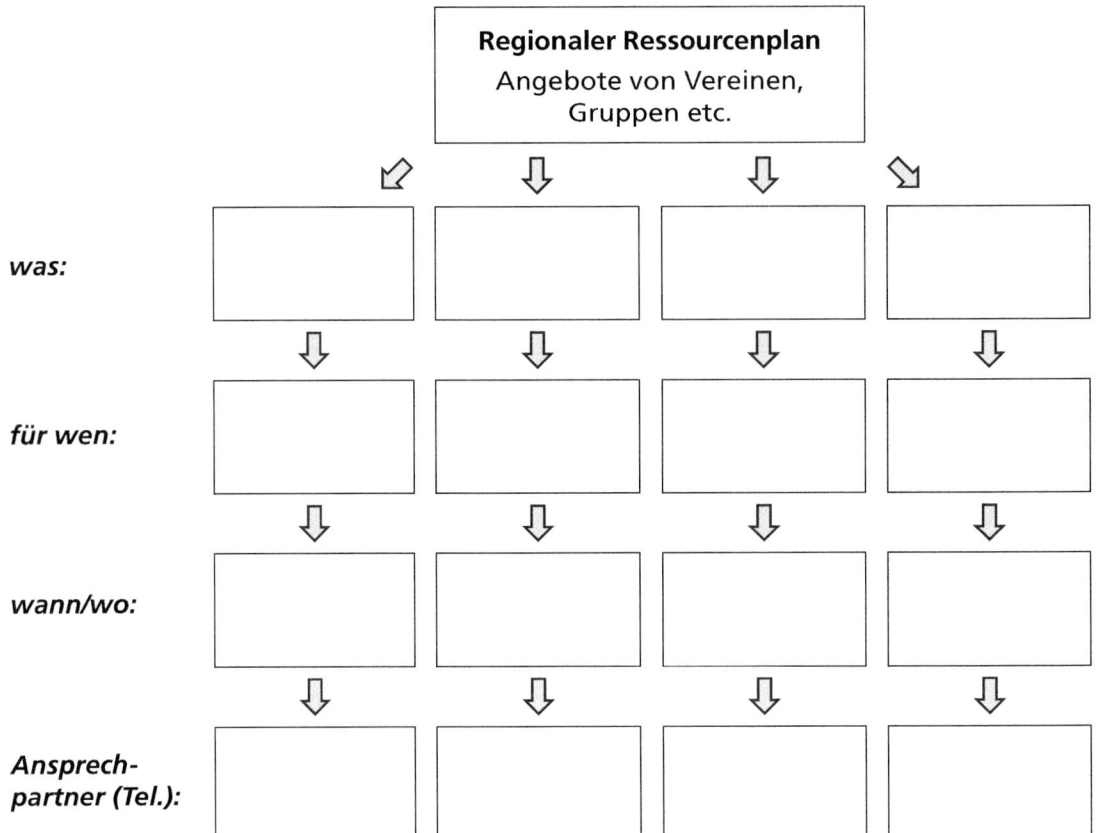

Familien-Integrationsplan
(mit der Familie erstellen, nicht für die Familie)

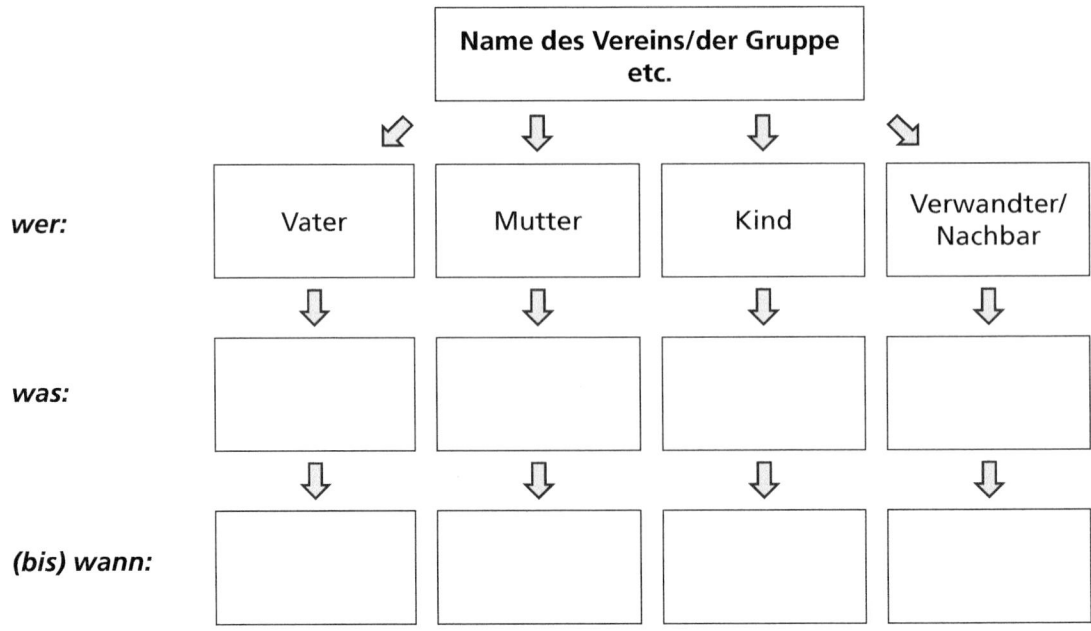

Name des/der Familien-Erziehungshelfer/in:

....

Integrationsfragebogen für Familien, Kinder und Jugendliche

1. Name und Alter der Kinder: ....

2. Name und Alter des Vaters: ....

3. Name und Alter der Mutter: ....

4. Wer ist Mitglied in einem Verein oder einer anderen Gruppierung? ....

    (kirchliche Gruppe, VHS, Jugend-Musik-Schule etc.): ....

5. Wer hätte Interesse/für wen wäre es gut und sinnvoll, an einer Gruppe teilzunehmen? ....

    (bitte angeben: Kind x .. y .. z + Alter, Vater/Mutter + Alter) ....

6. Welche Gruppierung würde am ehesten den Interessen und Fähigkeiten entsprechen?

    (bitte personenbezogen beantworten) ....

7. Welche Vorstufen wären sinnvoll und notwendig:

    – Integrationsgruppe für: ....

    – Interessengruppe für: ....

    – Gruppe zum sozialen Lernen für: ....

8. Wäre ein »Integrationspate« sinnvoll? ....

    (fester Ansprechpartner im Verein oder aus dem Gemeinwesen) ....

9. Nehmen bereits Kinder, Jugendliche und/oder Eltern regelmäßig an einer Gruppe teil?

    (Integrations- bzw. Interessengruppe) ....

    Wenn ja, an welcher: ....

10. Ist die Teilnahme von einem Kind/Jugendlichen und/oder Elternteil an einer Gruppe abgebrochen worden?

    (Interessen- oder Integrationsgruppe bzw. Verein oder andere Gruppierung) ....

    Wenn ja, aus welchen Gründen: ....

Integration statt Isolation
– Antrag auf Integrationshilfe beim Träger –

1. Name des/der Familien- u. Erziehungshelfers/in: ....

2. Name und Alter des Familienmitglieds,
   auf das sich der Antrag bezieht: ....

   ....

3. Geplante Maßnahme:
   - Teilnahme an einer Träger-Integrationsgruppe – ....
   - Teilnahme an einer Integrationsgruppe außerhalb – ....
   - Teilnahme an einer Träger-Interessengruppe – ....
   - Teilnahme an einer Interessengruppe außerhalb – ....
   - Teilnahme an einer bestehenden Gruppe im
     Gemeinwesen (Verein, kirchl. Gruppe etc.) – ....

4. monatliche Kosten: –

   € ....

   - von – bis ....
   - einmalige Kosten: –

   € ....

   - Beteiligung Anderer an den Kosten
     (Eltern, Verwandte, Sozial- oder Jugendamt) ....
   - Höhe der finanziellen Beteiligung des Trägers: € ....

5. Begründung der beantragten Integrationshilfe:

   ....

   ....

   ....

   ....

   ....

....
Datum, Unterschrift Familienhelfer   genehmigt:

Reflexion der Veränderungen nach einem halben Jahr

1. **Name des/der Familien- und Erziehungshelfers/in?**
   ....

2. **Name der Eltern/der Kinder?**
   a) ....
   b) ....
   c) ....
   d) ....

3. **Welche Interessen und Aktivitäten der einzelnen Familienmitglieder gibt es?**
   a) ....
   b) ....
   c) ....
   d) ....

4. **Wer ist aktiv in einem Verein/in einer Gruppierung und, wenn ja, seit wann? (evtl. mit Unterbrechungen)**
   a) ....
   b) ....
   c) ....
   d) ....

5. **Konnten Ressourcen und Fähigkeiten aktiviert oder neu erschlossen werden? Wenn ja, welche und bei wem?**
   a) ....
   b) ....
   c) ....
   d) ....

6. **Wurde das Verhalten der einzelnen Familienmitglieder durch die Annahme von Integrationsangeboten positiv beeinflusst?**
   a) ....
   b) ....
   c) ....
   d) ....

7. Hat die Integration dazu beigetragen, die Qualität des Familienzusammenhalts bzw. die Art des Familiensystems (offen, geschlossen, aufgelöst) zu verändern?

a) ....

b) ....

c) ....

d) ....

8. Gab es Veränderungen in der Beziehung zu gesellschaftlichen Institutionen? Wurden Kontakte – z. B. zu Freunden, Schule, Behörden – verbessert und aktiviert? Wenn ja, welche?

a) ....

b) ....

c) ....

d) ....

9. Ist für die noch nicht aktiven Familienmitglieder eine Integration geplant? Wenn ja, welche?

a) ....

b) ....

c) ....

d) ....

Wenn nein, warum nicht?

a) ....

b) ....

c) ....

d) ....

Sehnsucht

Ein Märchen

Vor langer Zeit lebten auf der Erde viele glückliche kleine und große Enten.

Sie paddelten zufrieden und übermütig im Wasser umher, an dem damals noch kein Mangel herrschte. Als aber immer mehr Entchen die Erde bevölkerten, begann der Kampf ums Wasser.

Die starken Enten siegten schließlich in diesem Kampf und drängten die kleinen, schwachen, nicht so durchsetzungskräftigen Enten in seichtere Gewässer ab, die sich nach und nach in Sumpf und Schlamm verwandelten.

Hier mussten die Enten eng zusammenrücken. Das Leben war beschwerlich, die Nahrung spärlich und viele starben an Krankheit oder Unterernährung. Die Überlebenden rückten näher zusammen und konnten so in aller aufkommenden Hoffnungslosigkeit sich wenigstens ein kleines bisschen aneinander wärmen.

Da lebten nun die einen weiter im Wasser, wurden groß und stark und kräftig, breiteten sich aus und bauten für sich und die kleinen Entchen, die sie ausbrüteten, große Nester. Die anderen kuschelten sich im Sumpf zusammen und da auch sie sich vermehrten, wurde es dort immer enger und enger und immer hoffnungsloser.

Nach einiger Zeit aber wusste niemand mehr, weshalb die Wasserenten im Wasser und die Sumpfenten im Sumpf waren, weshalb es solche Unterschiede in der Größe der Nester, in der Art der Nahrung, im Glanz des Federkleides gab. Selbst der liebe Gott, wenn er morgens aufwachte, vom Himmel heruntersah und das Treiben der Enten beobachtete, wusste manchmal nicht, was er dazu sagen sollte. Da hatte er nun für die Enten so viele schöne Dinge geschaffen, er hatte ihnen neben dem Gefühl auch den Verstand gegeben. Und was machten sie nun mit alledem? Manchmal überkamen im Zweifel, ob er nicht vielleicht bei den einen das Gefühl und bei den anderen den Verstand vergessen hätte.

Die Sumpfenten unterschieden sich im Paaren und Gebären in nichts von den kräftigen Wasserenten, obwohl sie im Sumpf nur sehr spärliche Nahrung für sich und vor allen Dingen für die kleinen Entchen fanden. Im Gegenteil! Es schien so, als ob ihre ausweglose Situation sie geradezu herausforderte, sich zu lieben und sich zu paaren und mitten im Schlamm kleine Entchen auszubrüten. Wenn sie so saßen und brüteten, genossen sie ein Stückchen Achtung und selbst die Enteriche waren in dieser Zeit rücksichtsvoller, außerdem hatten sie etwas, worauf sie sich inmitten all der Traurigkeit, inmitten all des Kampfes um die spärliche Nahrung, inmitten all der Streitereien um eine kleine Wasserpfütze freuen konnten.

Vielleicht hatten einige Sumpfenten auch die Hoffnung, dass es den kleinen Entchen einmal besser gehen würde – ja, dass man sie der kleinen Entchen wegen wieder einmal an die Wasserquelle ließe. Das Problem war nur, aber darüber machten sie sich keine Gedanken, dass sie sich im Wasser gar nicht bewegen konnten, weil sie nie gelernt hatten zu schwimmen. Es war nur ein vager Wunsch nach Veränderung in ihnen, eine unbestimmte Sehnsucht nach Liebe und Zärtlichkeit und sie hofften, dass die kleinen Entchen mit ihrem weichen Flaum diese Sehnsucht wenigstens ein kleines bisschen stillen könnten.

Die großen und starken Enten, die einen Platz am Wasser ergattert hatten, die über genügend Nahrung verfügten, hatten die gleiche Sehnsucht nach Liebe und Zärtlichkeit. Also brüteten sie auch!

Sie wurden umsorgt und gehegt von den Enterichen, die allerdings wenig Zeit für sie hatten, weil sie immer auf Nahrungssuche waren und darauf bedacht, das Revier, in dem die Enten brüteten, zu schützen und zu sichern; und sie hatten sich große Reviere gesichert. Sie hatten so große Nester gebaut, dass die großen und kleinen Enten sich darin verloren, sich einsam fühlten und keine Nähe mehr spürten. Wenn sie alle etwas zusammengerückt wären, wäre auch für die Sumpfenten noch Platz gewesen, aber auf diesen naheliegenden Gedanken kamen die Enteriche bei all ihrem Sorgen für das Morgen nicht. Es reichte ihnen nämlich nicht, nur das Revier zu sichern, es reichte ihnen nicht, nur die Nahrung für einen Tag im voraus zu beschaffen. Sie wollten eine sichere Zukunft, nicht nur für sich selbst, sondern auch für die kleinen Entchen und für deren kleine Entchen und für alle kleinen Entchen, die es in Zukunft noch geben würde.

Und das erforderte einen großen Einsatz!

Über diesem Einsatz und über dem Geschnatter darüber, wie die Zukunft der Zukunft zu sichern sei, vergaßen sie manchmal, dass sie heute lebten, dass die Entchen, die da brüteten, heute Sehnsucht nach Liebe und Zuwendung hatten. Manche von den Enterichen kamen sich so wichtig vor, dass sie glaubten, sie seien unsterblich! Die Enten, die da saßen und beim Brüten viel Zeit zum Nachdenken hatten, da sie sich ja um ihr äußeres Wohlergehen keine Sorgen machen mussten, stimmte das traurig. Sie spürten, dass unter ihnen neues Leben entstand und sie ahnten, dass Geburt und Tod eins sind.

Wenn sie manchmal von ihrem gesicherten Nest aus – und sie dankten den Enterichen für diese Sicherung – den Reden der Enteriche zuhörten, froren sie und ab und zu sehnten sich einige Entchen nach etwas weniger Wasser und nach mehr Schlamm. Sie ahnten die Wärme des Schlammes und spürten die Kälte des Wassers, aber sie wussten um die Gefahr und die Beschwernis des Schlamms und deshalb ertrugen sie die Kälte mit all ihrer Fassung.

Einem Teil der Wasserenten sah man die Mühe, die es machte, am Wasser zu leben und das Revier dort zu sichern, deutlich an. Sie hatten all ihre Kräfte einzusetzen und bewusst auf Liebe und Zärtlichkeit, auf die kleinen Freuden, die jenseits der Normen ihrer kleinen Entengesellschaft lagen, zu verzichten – das hatte sie hart gemacht und deshalb gönnten sie auch niemand anderem etwas.

Sie schalten die Enten im Sumpf und stellten sie als verantwortungslos hin, weil sie sich keine Sorgen um das Morgen machten, weil sie das Wenige, was sie hatten, voll ausschöpften, weil sie sich liebten und brüteten, sich berauschten an den Resten des Wassers, ohne darüber nachzudenken, ob es am nächsten Tag wieder regnen würde. Sie waren auch der Meinung, dass diese Sumpfenten von den Zeugungs- und Bruteigenschaften, mit denen

der liebe Gott Sumpf- und Wasserenten gleichermaßen ausgestattet hatte, keinen Gebrauch machen dürften. Diese Einstellung war aus ihrer Sicht auch verständlich, denn für viele dieser Wasserenten waren Zeugungs- und Brutfähigkeit eine Sache der Pflicht und nicht der Lust.

Die Wasserenten hatten für die Sumpfenten Verständnis. Sie fanden es zwar auch nicht gut, dass im Sumpf so viel gebrütet wurde, weil es so schwer war, den kleinen Entchen genügend Wasser, genügend Nahrung, genügend Freiraum für ihre Entwicklung zu verschaffen, aber sie konnten sich hineinfühlen in die Bedürfnisse der Sumpfenten und nahmen es ihnen nicht übel, wenn sie sich in ihrer Ausweglosigkeit so verhielten. Sie sahen sich einer schweren Entscheidung gegenüber! Am liebsten hätten sie die frisch ausgeschlüpften Entchen sofort nach dem Ausschlüpfen aus dem Sumpf geholt, um ihnen am Wasser eine gesicherte Zukunft zu geben. Aber was hätten dann die zurückgebliebenen Eltern gemacht? Sie hätten nur von neuem gebrütet, weil ihre Paarungs- und Brutfähigkeit für viele die einzig verlässliche Lustquelle war und weil sie in ihrer trostlosen Sumpflage das flauschige Federkleid der kleinen Entchen brauchten, um sich ein bisschen warm und weich und wichtig zufühlen.

Nun hatten aber einige Sumpfenten die Angewohnheit, die kleinen Entchen aus dem Nest zu stoßen, wenn sich ihr Flausch in Federn verwandelte, wenn sie nicht mehr so flauschig und kuschelig waren und anfingen, einen eigenen Willen zu haben. Besonders für sie bauten einige Wasserenten Stege vom Sumpf zum Land bzw. zum Wasser, aber die Stege waren entweder nicht stabil genug oder sie waren für die Entchen zu beschwerlich und so blieben sie im Sumpf stecken und kamen um.

Viele Entenkinder zog es auch wieder zurück in den Sumpf, weil es dort wärmer war als im Wasser. Sie zogen das Untergehen im Sumpf dem Frost im kalten Wasser vor. Vielleicht hatten sie aber auch nicht genügend Vertrauen zu den Wasserenten oder ahnten, dass das Leben der Wasserenten so schön gar nicht ist, dass das Leben am Wasser teuer bezahlt werden muss mit regelmäßigem Aufstehen, mit Arbeit, mit guten Leistungen, mit viel Verantwortung und weniger Lust. Nur manchmal, wenn eine Wasserente sich bereit findet, einem kleinen Sumpfentchen zu zeigen, dass es für die genauso wichtig ist, wie alle anderen Wasserenten auch, dann gedeiht das Sumpfentchen langsam, fasst Vertrauen und entwickelt sich so wie die kleinen Wasserentchen auch. Ja, es geschieht sogar zuweilen, dass die kleinen Sumpfenten, die am Wasser leben dürfen, glücklicher sind als alle Wasserenten zusammen.

Manchmal, wenn diese Sumpfentchen morgens aufwachen, sehen sie, wie die Sonne auf dem Wasser glitzert und die Wassertropfen wie Perlen auf ihren Federn strahlen; dann wird ihnen ganz warm ums Herz vor Freude und Dankbarkeit.

Viele der Wasserenten dagegen nehmen das Glitzern gar nicht wahr, weil sie es immer gehabt haben. Es ist für sie zur Selbstverständlichkeit geworden. Sie spüren nur die Kälte des Wassers, die ihnen zuweilen bis ans Herz reicht und es – aber das kommt Gottseidank nur selten vor – erfrieren lässt.

Von der Gleichwertigkeit der Kerne

Ein Märchen

Als Gott die Welt erschuf, wollte er sie so schön und vielfältig machen, dass alle Lebewesen auf dieser Welt, alle Pflanzen, alle Tiere, alle Menschen an der Stelle, die ihnen zum Leben bestimmt war, ihre volle Pracht, ihre individuellen Fähigkeiten und Neigungen entwickeln und leben könnten.

Er überlegte lange, welche Gemeinsamkeiten und welche Unterschiedlichkeiten er den Lebewesen mitgeben sollte. Bei den Pflanzen und Tieren war das kein so großes Problem. Deren Aussehen und deren Verhaltensweisen wollte er weitgehend vorbestimmen. Bei den Menschen konnte er das nicht, denn diesen wollte er neben dem Körper, neben der Seele, neben den Gefühlen und Empfindungen auch noch einen Geist mitgeben, einen Willen, mit dem sie über sich und andere bestimmen könnten. Damit sah er aber auch gleichzeitig Probleme aufkommen. Wie sollte er verhindern, dass von der Erschaffung bis zum Tode der eine Mensch seinen Geist und seinen Willen stärker entwickelte als der andere und damit vielleicht auch die Macht bekäme, andere zu beherrschen?

Nun war ihm klar, dass die Gestaltung der Erde, die Bewältigung des täglichen Lebens unterschiedliche Aufgaben bereithielt. Es war dazu notwendig, dass ein Teil der Menschen mehr körperliche Arbeit leistete, ein anderer Teil mehr geistige, wieder ein anderer mehr emotional-mitmenschliche. Er wollte jedoch, dass diese Aufgaben als gleichwertig anerkannt blieben und dass nicht einer, der ein bisschen besser denken konnte, auch glaubte, er sein mehr wert. Da was guter Rat teuer.

Und der liebe Gott mit seinen Helfern war eine Weile ratlos, was sehr selten passierte. Selbst im Himmel geriet manchmal einer der Helfer des lieben Gottes in Versuchung zu glauben, er sei mehr wert als der andere, nur weil er am Abend einen größeren Stern an den Himmel schieben durfte und zuweilen auf einer größeren Wolke schlief als die anderen. In seinem kleinen Helferkreis bemerkte der liebe Gott diesen Hochmut sofort und sorgte dafür, dass er sich nicht ausbreitete.

Die vielen Menschen aber, die er schaffen wollte, konnte er nicht täglich kontrollieren und das wollte er auch nicht. Denn welchen Sinn hätte es sonst gehabt, den Menschen neben der Seele und dem Geist auch noch einen freien Willen zu geben? Eine ständige Kontrolle hätte ihn nicht zur Entfaltung kommen lassen.

Als er alles so recht bedacht, kam ihm eine Idee!

Er wollte jedem Menschen einen Kern mitgeben, der für die Zeit des Lebens, die er ihm auf der Erde gab, nicht verloren gehen konnte. Es sollte ein guter Kern sein, aus dem heraus alle Menschen die Fähigkeit hätten, gut zu sein zu sich selbst und zu den anderen, die Fähigkeit hätten, sich selbst und die anderen zu lieben. So ausgestattet, könnten die Menschen nicht in den Irrtum verfallen, dass ein Mensch besser oder mehr wert sei als der andere.

Der liebe Gott schickte seine Helfer ins ganze Weltall, um schöne runde braune, noch nicht reife Kerne zu sammeln. Reif werden sollten die Kerne erst in den Menschen, in deren Mitte sie eingepflanzt wurden.

An diesem Vorhaben, den Menschen gute Kerne einzupflanzen, hat der liebe Gott bis heute nichts geändert. Nur die Menschen scheinen manchmal vergessen zu haben, dass der gute Kern das Wichtigste ist, was sie im Leben haben und dass alles andere, was sie im Laufe des Lebens an sogenannten geistigen Gütern oder an materiellen Gütern erwerben, an klugen Gedanken niederschreiben, an großen Reden halten, sie nicht bedeutsamer macht als die übrigen Menschen.

Die Lebensspanne hier auf der Erde hat der liebe Gott nämlich begrenzt. Weil seine Helfer so eifrig sind beim Kernesammeln, muss er noch vielen Millionen braunen und runden Kernen die Möglichkeit geben, auf die Erde zu gehen, um sie mitgestalten zu helfen. Wenn er einem Kern nach einer unterschiedlichen Anzahl von Jahren seine Umhüllung nimmt und ihn zu sich bittet, dann stellt sich manchmal heraus, dass eine wunderschöne Hülle nur einen kleinen verschrumpelten Kern beherbergt und eine ärmliche Hülle einen schönen schwarzen, reifen Kern enthält. Dann wundert sich selbst der liebe Gott manchmal und fragt sich, wie so etwas sein kann.

In vielen, vielen Fällen ist das Geheimnis dies:

*Die schönen Hüllen sind **zu sehr** beschäftigt mit der Pflege ihrer Schale! Die vergoldeten, versilberten oder von geistigen Höhenflügen verblendeten Augen nehmen die Kerne gar nicht mehr wahr, nicht die eigenen und nicht die der anderen. So verkümmern viele Kerne in den goldenen Panzern und – obwohl es sich inzwischen herumgesprochen hat, dass es auf den Kern ankommt – vergeuden viele Menschen ihr ganzes Leben immer noch an das äußere Gehäuse und halten jene Menschen für arm, dumm und minderwertig, deren Kerne ganz langsam und für die Mitmenschen oft unbemerkt, schön reif und glänzend werden.*

Und dies ist noch ein Geheimnis: Zuweilen – wenn ein hartes Schicksal einen Menschen zwingt, sich vom goldenen Panzer zu lösen – nimmt er auf einmal die schönen glänzenden Kerne in den anderen wahr, dann sieht er viele Dinge, die er bislang nicht gesehen hat und stellt erstaunt fest, dass dies das wahre Glück ist.

Viele junge Menschen spüren den guten Kern in sich, sie nehmen auch die guten Kerne in den anderen Menschen wahr, weil ihre äußere Hülle noch nicht zu einem Panzer geworden ist. Sie gehen in Schulen und Universitäten, um zu lernen, wie sie anderen helfen können. Das ist eine gute Sache und eine löbliche Absicht. Aber häufig ändert sich mit dem größeren Wissen auch die Einstellung zum eigenen Kern und zu denen der anderen. Ja, es gibt Menschen, die nach Jahren des Lesens in dicken Büchern, in denen wissenschaftliche Erkenntnisse – wie sie es nennen – niedergeschrieben sind, die einfache Weisheit von der Gleichwertigkeit der Kerne vergessen. Ihr Geist ist angefüllt mit vielen klugen und weniger klugen Dingen. Sie wissen genau, wie Menschen reagieren, wenn ihnen bestimmte Dinge zustoßen, sie wissen genau, wie Gespräche in bestimmten Situationen ablaufen müssen, wie ein teilnehmendes Lächeln aussieht, wann bestimmte Fragen zu stellen sind, damit der problembeladene Mitmensch sich angenommen fühlen kann. Sie wissen, wann ein Problem entstanden ist, in welcher Phase der Kindheit, wissen, wer von den Eltern schuld daran ist, wenn jemand mit seinem Leben nicht zurecht kommt. Meistens, so sagen sie, sind die Mütter schuld, die diese Schuldzuweisung ängstlich macht und das Vertrauen in den guten Kern ihrer Kinder verlieren lässt. So ist der Teufelskreis geschlossen.

*Je mehr Wissen diese jungen Menschen erwerben, je besser sie sich auskennen in Gesetzen und Erklärungen für abweichendes Verhalten, in Strategien der Hilfe, desto höher erheben sie sich über **die**, die sich hilfesuchend an sie wenden. Sie lassen sich verführen von der Macht ihres Wissens, sie steigen auf ein Podest, umgeben sich mit einem Panzer, zwar nicht aus Gold, aber aus Wissen, reden mit ihresgleichen **über** die da unten, beurteilen oder verurteilen und geben gute Ratschläge, die bei denen da unten als Schläge ankommen. Ja, sie übersehen zuweilen völlig, dass die Menschen, über die sie urteilen, denen sie vorschreiben, wie sie sich verhalten sollen, viele Fähigkeiten haben, die sich nur deshalb nicht entfalten können, weil man ihnen nie gesagt hat, dass sie gut und okay sind.*

Praxisbegleitende Fortbildung – Zusatzausbildung –

»Weise sind alle die, die sowohl die Notwendigkeit wie die Grenzen alles Wissens erkennen und die verstehen, dass Liebe größer ist als Wissen.«
Paul Tillich

Die Sozialpädagogische Familien- und Erziehungshilfe hat sich in den letzten Jahren zu einem erfolgversprechenden und unverzichtbaren Instrument sozialer Arbeit entwickelt.

Die in der Sozialpädagogischen Familien- und Erziehungshilfe tätigen Mitarbeiterinnen und Mitarbeiter verfügen über unterschiedliche Vorbildung und Erfahrung.

Kaum jemand bringt für diese Arbeit, die sozusagen im „engsten Familienkreis" geschieht, ausreichende Fachkenntnisse mit. Daher ist ein spezifisches Bildungsangebot für diesen Arbeitsbereich unabdingbar.

Auf der Grundlage einer 30-jährigen praktischen Arbeit mit Familien hat daher die AGFJ Familienhilfe-Stiftung ein adäquates Fortbildungskonzept entwickelt und führt dieses Programm seit 1987 durch. In sechs Einzelbausteinen, die sachlogisch aufgebaut sind, wird praxisbegleitend eine Zusatzqualifikation in Sozialpädagogischer Familien- und Erziehungshilfe vermittelt.

Bei der Auswahl der Lehrinhalte wurde in besonderem Maß die unmittelbare Umsetzbarkeit in die Praxis berücksichtigt, ohne die theoretischen Grundlagen zu vernachlässigen.

Für interessierte Gruppen und Institutionen bieten wir diese Fortbildung – auch einzelne Bausteine oder zusammenfassende Blockveranstaltungen – vor Ort an.

Prof. Dr. Marga Rothe

Fortbildung Heidelberger Modell der Sozialpädagogischen Familien- und Erziehungshilfe

Baustein I	Das Angebot und die Voraussetzung für seine Umsetzung
Baustein II	Das Diagnostische Instrumentarium des Heidelberger Modells
Baustein III	Phantasievolles Umsetzen des Diagnostischen Instrumentariums
Baustein IV	Qualität des Angebots/Teamstrukturen und Mitarbeiterkompetenzen
	Systemische Ansätze in der Sozialpädagogischen Familienhilfe
Baustein V	Handlungskonzepte für spezifische Situationen in der Arbeit mit Familien, Kindern und Jugendlichen
Baustein VI	Rechtsgrundlagen

1. Zeitrahmen je Baustein

Jeder Baustein umfasst 3,5 Tage
Beginn: mittwochs   13.00 Uhr
Ende: samstags ca. 14.00 Uhr

2. Zeitrahmen für alle Bausteine

Innerhalb von 1 Jahr 6 Bausteine

3. Aufnahmevoraussetzungen

a) Schriftliche Bewerbung mit Darstellung des beruflichen Werdegangs und des derzeitigen Bezugs zur Fortbildungsthematik.
b) Abgeschlossene Berufsausbildung: Fachhochschule für Sozialwesen; Fachschule für Sozialpädagogik; Pädagogische Hochschule oder Universität
   Berufspraxis: mindestens 6 Monate in der Arbeit mit Familien
   Bei fehlenden Zugangsvoraussetzungen sind in Einzelfällen Ausnahmeregelungen möglich.

4. Abschluss

Bei Teilnahme an der gesamten Fortbildung ist ein Zertifikatsabschluss möglich, mit dem die besondere Befähigung zur sozialpädagogischen Familien- und Erziehungshilfe nachgewiesen wird.

5. Voraussetzungen für den Zertifikatsabschluss

a) Bescheinigungen über die regelmäßige Teilnahme an allen 6 Bausteinen
b) Schriftliche Hausarbeit zur Analyse des Arbeitsfeldes, zur Problemsituation und/oder zur Reflexion des methodischen Handelns
c) Erfolgreiche Teilnahme am Abschlusskolloquium

6. Anmeldung

Ihre Anmeldung ist verbindlich. Sie erhalten eine Anmeldebestätigung und eine Rechnung pro Baustein. Ein Rücktritt von der Anmeldung ist nur schriftlich möglich.

7. Kursgebühren

Euro 210,00 pro Baustein
Euro 60,00 einmalig Verwaltungsgebühr

Baustein I:
Das Angebot und die Voraussetzung für seine Umsetzung

Das Angebot/die Maßnahme

- Sozialpädagogische Familienhilfe von A bis Z

Die Grundorientierung des Heidelberger Modells

- Handlungsleitende Theorien
- Positive Psychotherapie
- Initiatische Therapie
- Logotherapie
- Systemischer Ansatz
- Rollenverteilung in Familien
- Stellung in der Geschwisterreihe
- Grundsätze und Leitgedanken

Die Person des Familienhelfers

- Eigenmotivation und soziale Kompetenz
- Klärung des beruflichen Rollenverständnisses, des Arbeitsauftrages und der Rahmenbedingungen
- Umgang mit der Zeit, optimales Zeitmanagement
- Grund- und Aktualfähigkeiten
- Balance zwischen Nähe und Distanz

Das umfeldorientierte Modell

- Lebensweltorientierung und Beteiligung
- Ressourcen und Fähigkeitsorientierung
- Integration statt Isolation von A bis Z

Baustein II:
Das Diagnostische Instrumentarium des Heidelberger Modells

Mittel und Methoden

- Das Familiensystem, die Familieninteraktion
- Umgang mit gesellschaftlichen Einflussfaktoren
- Der Familienlageplan
- Das Soziogramm
- Energie und Interessenverteilung
- Das Konfliktmodell nach Peseschkian
- Angst bei Kindern
- Depression bei Kindern
- Kinder psychisch kranker Eltern
- Einführung in Video-Home-Training

Berichte und Reflexionsinstrumente

- Selbsthilfepläne, Handlungsschritte
- Individueller Aufforderungscharakter
- Die Netzwerkintervention
- Berichte

Gesprächsführung

- Einführung in die klientenzentrierte Gesprächsführung
- Übungen

Baustein III:
Phantasievolles Umsetzen des Diagnostischen Instrumentariums

Möglichkeiten des kreativen Einsatzes:

1. Erkunden und Erkennen von Zielen, Wünschen und Stärken der Familie
2. Schwerpunkte des Familienhelfers definieren
3. Familieninteraktionen, Angstbewältigung
4. Spielerische Möglichkeit der Vorbereitung des Genogramms/des Familienlageplans
5. Ressourcenplanung
   - in der Familie
   - im Umfeld
6. Entspannung
7. Brett- und Gruppenspiele als Einsatz in der SPFH
8. Kreatives Erstellen des Selbsthilfeplans
9. Übungen zur Entscheidungshilfe
10. Zeitlinienarbeit
11. Positive Erziehung

Baustein IV:
Qualität des Angebots/Teamstrukturen und Mitarbeiterkompetenzen
Systemische Ansätze in der Sozialpädagogischen Familienhilfe

Qualitätsmanagement

- Qualität des Angebots
  - Strukturqualität
  - Prozessqualität
  - Ergebnisqualität
- Teamstruktur
- Mitarbeiterkompetenz

Systemische Ansätze

- Die Arbeit mit dem Genogramm – Möglichkeiten und Grenzen
- Hypothesenbildung als Grundlage systemischer Gespräche
- Kundenorientierung
- Grundhaltung der systemischen Beratung
  - Zirkularität
  - Allparteilichkeit
  - Interaktionsmuster
- Auftragsklärung
  - Auftrag der Jugendämter
  - Auftrag der Familien
  - Auftrag der Träger
- Das Erstgespräch

Familienorientierte Schülerhilfe

- Klärung des beruflichen Rollenverständnisses
- Klärung der Rahmenbedingungen
- Die Familienorientierung

Baustein V:
Handlungskonzepte für spezifische Situationen in der Arbeit mit Familien, Kindern und Jugendlichen

Gewalt in Familien

- Formen und Auswirkungen von Gewalt
- Erklärungsansätze

Suchtgefahren und Umgang mit Abhängigkeiten

- Definition von Abhängigkeit, Fakten
- Sucht aus systemischer Sicht
- Jugendliche mit Drogen-, Alkoholproblemen
- Dynamik in Suchtfamilien

Suchtgefahren und Umgang mit Abhängigkeiten

- KJHG § 8 a
- Formen und Auswirkungen
- Einschätzungen und professioneller Umgang
- Verantwortung der Fachkräfte
- Mehrgenerationenperspektive

Sexuelle Gewalt in Familien

- Definition, Formen, Folgen für das Opfer
- Geheimhaltung, Abhängigkeit
- Eigener Umgang – professioneller Umgang
- Blick auf die Täter

Interventionsformen und Umgang mit Helfersystemen

Baustein VI:
Rechtsgrundlagen

Verfassungsrechtliche Grundlagen

Familienrecht

- Elterliche Sorge
- Trennung und Scheidung
- Beistandschaft
- Amtsvormundschaft/Amtspflegschaft

Kinder- und Jugendhilfegesetz

- Träger der Jugendhilfe
- Aufgabenstruktur
- Geltungsbereich
- Hilfen zur Erziehung
- Sonstige Individualhilfen
- Schutz von Sozialdaten

Sozialhilferecht

Hartz IV

Sonstige Rechtsgebiete

- Betreuungsrecht
- Schweigepflicht
- Zeugnisverweigerungsrecht
- Datenschutz
- Schuldnerberatung